KB204257

자신의 불심을 확신하게 □하는

신심명

生

良志 譯註
南青 書畵

生 남一청

일러두기

저본 :『景德傳燈錄』卷30(1004) (『大正藏』51, 457쪽. 상18.) :
　　　「三祖僧璨大師信心銘」『경덕전등록』
( )은 (『大正藏』48, 376쪽. 중18 ‒ 377쪽. 상11.)
　　　慶安元年(1648)刊宗敎大學藏本,
　　　享保十九年(1734)刊駒澤大學藏本
※ 表를 하여 해설함.
☆ 表를 하여 단어를 설명함

서(序)

『신심명』은 자신의 마음이 불심(佛心)이라는 사실을 확신하여 마음에 간직하고 생활하게 하는 대승불교의 가르침으로 자신이 진여의 지혜로 살아가는 서원(誓願)이다.

공(空)의 법문은 청정한 진여의 지혜로 살아가게 하려는 것이지, 공(空)에 빠져 공(空)을 추구하게 하는 것은 아니고, 견성(見性)하라고 하는 것은 공(空)을 친견하고 실천하여야 한다고 하는 것이지, 견성(見性)하는 것에 빠져 본성(本性)을 전지전능한 것이라고 추구하라는 것은 더더욱 아닌 것이다.

망념(妄念)을 버리라고 방편으로 말을 한 것은, 불법(佛法)의 현지(玄旨)를 체득하여 살아가라고 하는 것이고, 또 방향설정이 잘못되었다는 것을 말하는 것이다.

그리고 망념(妄念)을 버리는 것이 아닌 망념(妄念)의 근원인 본성(本性)이 공(空)이라는 것을 자각(自覺)해야 한다는 것이다.

공(空)을 실천하는 지도(至道)의 경지를 무난(無難)이라고 한 것은 진여의 지혜를 체득하여 세간의 차별 분별하는 망심을 초월하고 대승보살로서 살아가면 분명이 한도인(閑道人)이라는 사실이 명백하다고 처음부터 강조하고 있는 것이다.

진여의 지혜로 살아가는 법은 자신의 중생심만 버리면 바로 자신이 한도인(閑道人)인데 어리석은 수행자를 다른 길로 가지 않게 하려고 언어도단(言語道斷)의 경지를 『신심명』의 저자(著者)가 자세하게 게송으로 설명하신 것이다.

『신심명』에 의하면 일반적으로 유무(有無)라고 하면 있고 없다는 존재의 유무(有無)를 말하는 것이지만 있는 것이 곧 없는 것이라고 하면 부처가 있다고 알고 있으면 바로 부처로 살아가면 되는 것인데도 자신이 부처라고 말하면 부처는 사라지게 되는 것이므로 없다고 말하고 있다.

부처가 실제로 존재하지만 부처라는 자신의 아상(我相)이나 사상(四相)이 남아 있으면 중생으로 타락하기 때문에 즉 살아있는 한도인(閑道人)은 고정된 형상이나 법으로 존재하지는 않는다고 하는 것이다.

그리고 없는 것을 있다고 말하는 것도 부처는 형상으로 존재하지 않지만 번뇌 망념을 텅 비우고 형상을 초월한 법신(法身)의 부처가 항상 존재한다는 사실을 돈오(頓悟)하면 한도인은 어디에나 살아있게 된다.

유(有)가 무(無)라는 것은 청정한 유(有)가 존재하는 것을 말하는 것이고, 번뇌 망념이 모두 사라져 허공(虛空)과 같이 청정하게 되는 것을 무(無)라고 한 것이므로 청정한 한도인(閑道人)이 살아난 것을 말하는 것이며, 무(無)가 유(有)로 되어 모든 것을 벗어버린 적육단상(赤肉團上)의 한도인(閑道人)이 출현하게 되는 것을 말한다.

그러나 무(無)라는 말을 형상이나 실상이 없어져야 한다고 알고 있으면 세속의 입장에서 하는 것이나 『신심명』에서 하는 말은 여기가 항상 좌도량(坐道場)이 된다는 것을 설하고 있다는 사실을 망각(忘却)하지 말고 살아가야 한다.

불법(佛法)으로 26세기를 사는 현대인과 46세기를 사는 사람들은 불심(佛心)의 지혜로서 무수한 한도인(閑道人)으로 출세(出世)하시기 바랍니다.

『대정장』48권 과 『전등록』에는 나오지 않지만 靑潭, 『信心銘』, 보성문화사 1979. 200쪽에 의하면 "非古之今 三世一念(비고지금 삼세일념)"을 첨가하여 "옛과 지금이 아니니 삼세가 다만 한 생각이로다."라고 번역하고 있는데 이것을 다시 번역하여 보면 비고지금(非古之今)을 '옛과 지금이 아니라'고 하는 것보다 비고(非古)는 지금까지 알고 있는 과거의 지식을 고(古)라고 한 것이고 비(非)는 이것을 초월한 것으로 번역을 하면 과거의 망념을 초월한 것을 금(今)이라고 하는 것이 되어 현재의 삶이 된다.

그러나 옛과 지금이 아니라고 하면 모든 것을 부정하는 의미이고 삼세가 다만 한 생각이라는 것으로 결정되어지는 것이다.

이것을 청담스님은 시공간에서 시간의 의미로 첨가하여 설하고 있는데 여기에 첨가하지 않아도 되지만 첨가한다고 하면 한 생각은 삼세(三世, 과거·현재·미래)의 모든 것을 진여의 지혜로 전환된 생각을 일념(一念)이라고 하는 것이고, 또 일념(一念)은 진여의 지혜로 살아가는 마음을 일념(一念)이라고 하는 것이므로 한도인(閑道人)의 생활을 말하는 것이 된다.

한 생각을 전지전능한 마음이나 특별한 본성이 있다고 하는 경우가 있는데 이것은 내생이나 전생을 시간적인 개념으로 설명하여 아상이나 사상(四相)이 있다고 설하는 유아(有我)인 것이 되므로 불교의 사상(思想)이 아닌 것이 된다.

여기에서도 설하고 있지만 무아(無我)를 설하는 삼세(三世)가 지금 자신의 목전에 있는 것을 말하고 있는데 다시 유아(有我)를 말하고 있다면 이것은 외도(外道)들이 조잘거리는 것이 되므로 불자들은 조심해야 한다.

불교는 무아(無我)를 설하고 있는 것이므로 지금 자신이 진여의 지혜로 살아가야만 과거의 추억이나 기억에 사로잡혀 인생을 망치는 일이 없게 되고 항상 행복한 극락세계에서 살게 됩니다.

이 책을 읽는 모든 수행자들이 항상 극락세계에서 행복한 삶을 사는 부처가 되시기 바랍니다.

이 책이 나오기까지 지도하여 주신 많은 분들에게 직접 찾아 뵙고 예를 올리는 것이 도리이나 이 지면을 빌려 감사인사 올립니다.

나를 낳아 주신 분은 부모이고 나를 알아준 사람을 포숙(鮑

6

叔)이라고 하였지만 나 자신을 찾게 하여주신 분은 불법(佛法)이고 불법(佛法)을 알게 하여 주신 분은 사승(師僧)이니 모두에게 감사의 예를 올립니다.

　그리고 출판사를 만들게 도움을 주신 분들과 이 책에 『신심명』 전체를 선서화로 제작하여 주신 서예가이신 서성작가님과 이 책을 편집하여 주신 해룡 거사님 부부와 신흥사 신도님들 모두 감사합니다.

戊戌年　晩秋　良志　合掌

신심명(信心銘)

(자신의 불심(佛心)을 확신하게 하는 좌우명)

차례

신심명(信心銘) 1
(자신의 불심(佛心)을 확신하게 하는 좌우명)

僧璨 著

至道無難, 唯嫌揀擇, 但莫憎愛, 洞然明白.

한도인(閑道人)으로 살아가는 것이 어렵지 않다고 하는 것은
오로지 간택(揀擇)만 하지 않으면 된다고 하는 것이므로
단지 증애(憎愛)의 마음만 없이 살아가면
한도인(閑道人)이라고 하는 것이네.

豪釐有差, 天地懸隔, 欲得現前, 莫存順逆, 違順相爭,
是為心病.

그러나 조금이라도 이것과 어긋나게 되면
한도인(閑道人)으로 살지 못하는 것이고
한도인(閑道人)으로 지금 바로 살아가고자 한다면
마음에 증애(憎愛)의 차별심이 없어야 하며
간택(揀擇)이나 증애(憎愛)의 차별심이 조금이라도 있으면,

심병(心病)이 되네.
不識玄旨, 徒勞念靜, 圓同太虛, 無欠無餘.
良由取捨, 所以不如, 莫逐有緣, 勿住空忍.

(한도인이) 불법(佛法)의 현지(玄旨)를 알지 못하면서 수행하면
헛되이 증애(憎愛)의 마음을 없애려고 수행하게 되지만
현지(玄旨)를 체득하여 원만한 지혜로 수행하면
조금도 모자라지 않게 되네.
오직 취사(取捨)하여야 청정하게 된다고 하는 마음으로 인하여
여시(如是)하게 살지 못하는 것이니
만연(萬緣)을 없애려고 하지 말고
무생법인(無生法忍)에도 머물지 말아야 하네.

一種平懷, 泯然自盡, 止動歸止, 止更彌動.
唯滯兩邊, 寧知一種, 一種不通, 兩處失功.

(한도인으로서) 하나를 평등하게 진여의 지혜로 전환할 줄 알면
만연(萬緣)은 저절로 없어지는 것이나

망념(妄念)을 없애고 본성(本性)으로 돌아가려고 하면
망념(妄念)을 없애려는 것이 오히려 망념(妄念)이 되네.
오로지 망념(妄念)이 있고 없어야 한다는 양변에 집착한다면
어떻게 하나라도 본성으로 전환하여 깨달을 수 있으며
이 한 가지를 본성으로 전환하여 통달하지 못하면
어디에서도 공덕(功德)은 없네.

遣有沒有, 從空背空, 多言多慮, 轉不相應, 絶言絶慮,
無處不通.

한도인도 망념(妄念)을 없애려고 하면 망념(妄念)에 더 빠지고
망념을 비우는 것이 공(空)이라고 하면 공(空)의 가르침을
위배하며
온갖 언어문자나 사량 분별로 깨달음의 도(道)를 추구하면
더욱더 상응(相應)하지 못하니
언어문자와 사량 분별을 벗어나면
어디에서나 도(道)를 통달하여 한도인으로 살아가게 되네.

歸根得旨, 隨照失宗, 須臾返照, 勝却前空.

前空轉變, 皆由妄見, 不用求眞, 唯須息見.

二見不住, 愼莫追尋, 才(纔)有是非, 紛然失心.

二由一有, 一亦莫守, 一心不生, 萬法無咎, 無咎無法,
不生不心.

본성(本性)으로 돌아가면 현지(玄旨)를 체득하고

경계를 따르면 종지(宗旨)를 잃게 되니

잠시라도 본성으로 관조하면

망념(妄念)을 비운다는 공(空)의 가르침 보다 수승하네.

망념(妄念)을 비운다고 하지만 전변(轉變)하여 나타나는 것은

모두가 망견(妄見)으로 인한 것이니

망견(妄見)으로 지혜를 구하려고 하지 말고

반드시 중생심의 망견(妄見)을 쉬어야 하네.

(한도인은) 망념(妄念)과 망념(妄念)을 끊어야 한다는 견해도
갖지 말고

그것의 근원을 찾으려고 하지 않아야 하며

조금이라도 차별 분별하는 마음이 있으면

바로 분분(紛紛)하게 본심(本心)을 잃게 되네.

차별 분별하는 것은 고정된 본심이 있다고 하는 것 때문이니

고정된 본심도 역시 고수하지 말고

하나의 망념도 생기지 않으면

자신의 만법(萬法)은 허물이 없는 것이며
어디에도 허물이 없게 되어 무법(無法)이 되니
중생심의 망견을 쉬게 되네.

能隨境滅, 境逐能沈, 境由能境, 能由境能, 欲知兩段,
元是一空.
一空同兩, 齊含萬象, 不見精麤(麤), 寧有偏黨.

능견(能見)은 육경(六境)이 사라지면 없어지고
육진(六塵)도 능견(能見)에 따라 소멸되는 것은
육진(六塵)은 능견(能見)으로 말미암아 육진(六塵)이라고 하
는 것이며
능견(能見)도 육진(六塵)으로 말미암아 능견(能見)이 되니
능견(能見)과 육진(六塵)을 정확하게 알고자하면
원래부터 공(空)이라는 것을 알아야 하네.
원래부터 공(空)하면 육진(六塵)과 능견(能見)이 모두 동일하
여
삼라만상을 모두 공(空)으로 포용하니
(한도인은) 세밀하고 거칠다고 하는 차별분별의 견해(見解)가
없는데
어찌 육진(六塵)과 능견(能見)으로 치우친 견해(見解)가 있겠

는가?

大道體寬, 無易無難, 小見狐疑, 轉急轉遲.
執之失度, 必(心)入邪路, 放之自然, 體無去住.
任性合道, 逍遙絕惱, 繫念乖眞, 昏(惛)沈不好.

대도(大道)의 본체는 아주 위대하여
쉽고 어렵다는 중생심이 없는데
좁은 소견으로 여우처럼 약삭빠르게 의심을 하고
대도(大道)에 도달하려고 서두려면 도리어 더 늦어지네.
자신의 소견으로 집착하면 불법(佛法)의 지혜를 잃고
반드시 사도(邪道)가 되니
집착하는 그 마음을 놓으면 자연히 이루어지며
대도(大道)의 본체로 살게 되어 망념이 가고 오는데 집착이
없네.
본성으로 살면 대도(大道)와 계합하니
(한도인은) 유유자적하여도 번뇌 망념이 없고
망념을 가지고 수행하면 진여 본성과 어긋나게 되며
혼침(昏沈)으로 수행하면 더더욱 대도와는 어긋나네.

不好勞神, 何用疎親, 欲取一乘, 勿惡六塵.
六塵不惡, 還同正覺, 智者無為, 愚人自縛, 法無異法,
妄自愛著, 將心用心, 豈非大錯.

바르게 수행하지 않으면 신령한 자신만 피로하게 하니
친소(親疎)를 알아도 어떻게 사용할 수 있으며
일승의 경지를 체득하고자 하면
육진경계를 모두 싫어하지 않아야 하네.
육진경계를 싫어하지 않으면
도리어 정각을 이루고
지혜로운 한도인(閑道人)은 무위법(無爲法)의 세계에 살지만
어리석은 이는 대상의 육진(六塵)이 자신을 속박하고
만법(萬法)은 다른 법이 없는데
대상경계의 육진(六塵, 萬法)을 망심으로 자신이 애착을 하니
중생심으로 대도(大道)를 이루려고 수행하는 것은
아주 잘못된 일이 아니겠는가?

迷生寂亂, 悟無好惡, 一切二邊, 良由斟酌.
夢幻虛華, 何勞把捉, 得失是非, 一時放却.

미혹하면 적정하고 산란하다는 생각이 생기고

깨달으면 좋고 나쁨이 없는 것이며
일체를 양변으로 보는 것은
오로지 자신이 짐작하기 때문이네.
탐진치(貪瞋癡)는 꿈속의 환상과 허공에 핀 꽃과 같고
그것을 잡아서 가지려고 고행을 하는데
얻고 얻지 못하였다고 하며 옳고 틀렸다고 하는 탐진치(貪瞋癡)의 마음을
도리어 모두 놓아야 한도인(閑道人)이네.

眼若不睡, 諸夢自除, 心若不異, 萬法一如.
一如體玄, 兀爾忘緣, 萬法齊觀, 歸復自然, 泯其所以,
不可方比.

안목에 미혹함이 없으면
모든 환상은 저절로 없어지고
마음이 불심(佛心)으로 번뇌 망념의 차별분별심이 없으면
일체가 만법일여(萬法一如)의 경지이네.
만법일여의 경지에서 본성으로 현묘하게 되는 것은
만연(萬緣)을 모두 끊었기 때문이고
만법을 청정하게 관조하면
다시 자연스러운 원래로 돌아가니

대상으로 아는 것이 모두 사라지며
비교할 대상이 아무것도 없는 한도인(閑道人)이네.

止動無動, 動止無止, 兩既不成, 一何有爾.
究竟窮極, 不存軌則, 契(啓)心平等, 所作俱息.

(중생도) 망념(妄念)을 멈추면 망념은 없지만
(한도인(閑道人)도) 망념을 멈추었다고 생각하면 망념이 없는
것이 아니고
망념(妄念)이 있고 없다는 차별로는 만법일여의 경지에 도달
할 수 없으니
어떻게 한쪽에서 만법일여의 경지를 성취할 수 있겠는가?
구경의 경지에서 살아가는 법은
고정된 법칙이 없는 것이고
만법일여의 경지에 도달하여 마음으로 평등하면
소작(所作)을 모두 멈추어 한도인(閑道人)이 되네.

狐疑盡淨, 正信調直, 一切不留, 無可記憶.
虛明自照, 不勞心力, 非思量處, 識情難測.

여우처럼 의심하는 마음을 모두 청정하게 하면
바른 믿음으로 만법일여(萬法一如)의 경지가 되고
일체의 의심이 하나도 없게 되니
(한도인은) 과거의 기억(記憶)에 의지해서 살지 않네.
자신이 허공처럼 청정하게 관조하며 (한도인으로) 살아가면
억지로 망념을 없애려고 하지 않고
사량 분별을 초월하여 살아가니
중생심으로는 측량하기 어렵네.

真如法界, 無他無自, 要急相應, 唯言不二.
不二皆同, 無不包容, 十方智者, 皆入此宗, 宗非促延,
一念萬年.

한도인으로 사는 진여법계에는
자타(自他)라는 차별 분별이 없고
한도인(閑道人)으로 간절히 상응하여 살아가기를 바란다면
오로지 불이(不二)의 경지에서 살아야 한다고 말할 수 있네.
불이(不二)의 경지가 되어야 진여법계와 동등하며

진여법계에는 포용하지 않는 것이 없고
시방삼세의 모든 성자들은
모두 이 불이법문(不二法門)을 깨달은 것이며
종지(宗旨)는 빠르고 늦다는 것을 초월해야
일념(一念)이나 만년(萬年)을 초월하여 살아가네.

無在不在, 十方目前, 極小同大, 忘絕境界, 極大同小,
不見邊表.
有即是無, 無即是有, 若不如此(是), 必不須守.

진여법계에는 존재한다거나 존재하지 않는다는 것이 없으니
시방세계가 한도인(閑道人)의 눈앞에 불국토로 나타나고
지극히 작은 망념도 아주 큰 망념과 같다는 것을 돈오하여
대상경계를 초월했다는 마음도 없고
아주 큰 망념도 사소한 망념과 근원은 동등하며
크고 작다는 마음으로는 진여법계를 조금도 알 수 없네.
진여법계에서 돈오하면 차별분별의 망념은 없는 것이니
차별 분별하는 망념이 없어 청정하다고 알면 바로 한도인이
되고
만약 이와 같이 여시하게 행하지 않으면
반드시 자신의 고정관념을 고수(固守)하지 말아야 하네.

一即一切, 一切即一, 但能如是, 何慮不畢.
信心不二, 不二信心, 言語道斷, 非去來今.

한도인(閑道人)이 지혜로 하나를 돈오(頓悟)하면 바로 일체가
진여의 법계이며
일체의 만법을 돈오하면 바로 진여로 돌아가고
단지 만법과 자신이 여시하게 일여(一如)가 되면
한도인으로 사는 걱정을 할 필요가 있겠는가?
불심(佛心)으로 대상경계를 돈오(頓悟)하여 만법일여의 경지
가 되고
자신의 불심(佛心)이 불이(不二)의 경지가 되었다는 것을 확신
하면
한도인의 생활을 언어문자로 나타내지 않고 실천하며
삼세를 초월하여 살아가네.

신심명(信心銘) 2
(자신의 불심(佛心)을 확신하게 하는 좌우명)

僧璨 著

至道無難, 唯嫌揀擇, 但莫憎愛, 洞然明白.

누구나 진여의 지혜로 아주 청정하게 살아가는 것이 어렵지
않다고 하는 것은
비록 사량 분별하며 간택(揀擇)하는 마음을 싫어하여도 없애
려고 하지 않고
단지 자신이 미워하고 좋아하는 마음을 갖지 않고 이것을
자각(自覺)하여 공(空)으로 청정하게 살아가면
아주 정확하게 진여의 지혜로 살아가는 한도인(閑道人)이
명백하네.

豪釐有差, 天地懸隔, 欲得現前, 莫存順逆, 違順相爭,
是為心病.

만약에 털끝만큼이라도 차별 분별하는 증애(憎愛)의 마음이

있게 되면
진여의 지혜로 생활하는 것과는 아주 어긋나게 되니
지금 바로 진여의 지혜로 살아가고자 하면
마음속에 차별 분별하는 증애(憎愛)의 마음이 조금도 없어야
하며
자신이 마음속에서 조금이라도 의심(擬心)하는 마음이 일어
나면
이것이 바로 자기 마음의 병(病)이 되네.

不識玄旨, 徒勞念靜, 圓同太虛, 無欠無餘.
良由取捨, 所以不如, 莫逐有緣, 勿住空忍.

불법(佛法)에 맞게 진여의 지혜로 생활하는 것을 의식의 대상
으로만 알고 있으면
헛되이 자신의 마음만 청정하게 하려고 하게 되지만
원만한 진여의 지혜로 항상 허공(虛空)처럼 청정하게 생활을
하면
조금도 어긋나지 않게 되네.
진실로 취사(取捨)하려는 마음으로 인하여
여시한 진여의 지혜로 살지 못하는 것이니
만연(萬緣)을 자신의 마음에서 단절하려고 하지 말고

24

무생법인(無生法忍)에 집착하지도 말아야 하네.

一種平懷, 泯然自盡, 止動歸止, 止更彌動.
唯滯兩邊, 寧知一種, 一種不通, 兩處失功.

만약에 하나라도 마음속에서 평등하게 진여의 지혜로 전환할
줄 알면
만연(萬緣)은 저절로 사라지고
망념(妄念)을 멈추어 망념(妄念)이 없는 곳으로 돌아가게 하려
고 하면
망념(妄念)을 멈추려고 하는 것이 오히려 망념(妄念)이 되는
것이네.
오직 양변(兩邊)에만 빠져 있으면서
자신이 진여(眞如)의 지혜(智慧)로 사는 법을 알려고 하면
하나도 통달할 수 없게 되니
어디에서도 공덕(功德)이 없게 되어 진여의 지혜로 살아가지
못하네.

遣有沒有, 從空背空, 多言多慮, 轉不相應, 絕言絕慮,
無處不通.

양변(兩邊)의 망념을 버리려고 하면 버리려고 하는 망념에
더욱더 빠지게 되고
공(空)을 추구하게 되면 오히려 공(空)의 가르침을 위배하게
되니
아무리 많은 언어문자로 온갖 사량 분별을 다할지라도
오히려 더욱더 어긋나게 되는 것이니
언어문자와 생각으로 중생심의 사량 분별만 하지 않으면
어디에서나 진여의 지혜로 생활하게 되네.

歸根得旨, 隨照失宗, 須臾返照, 勝却前空.
前空轉變, 皆由妄見, 不用求真, 唯須息見.
二見不住, 愼莫追尋, 才(纔)有是非, 紛然失心.
二由一有, 一亦莫守, 一心不生, 萬法無咎, 無咎無法,
不生不心.

모두를 공(空)으로 전환할 줄만 알면 현지(玄旨)를 체득하게
되고
중생심을 따르게 되면 종지(宗旨)를 상실하게 되는 것이니

조금이라도 자신이 망념에 빠진 것을 관조할 줄 알기만 하면
양변의 망념을 버린다고 하여 공(空)에 빠진 것보다 수승한
것이네.
양변의 망념을 버린다고 하여 다시 공(空)이 장애가 되는 것은
모두가 중생심의 망령된 견해(見解) 때문이니
중생심으로 진여의 지혜를 구하려고 하지 말고
바라건대 반드시 중생심의 견해를 멈추어야 하는 것이네.
망념을 끊어야 한다는 견해를 가지지도 말고
진실로 망념을 추적하여 찾으려고 하지 말아야 하는 것이니
조금이라도 시비(是非)의 분별이 있게 되면
산란하게 되어 자신의 불심(佛心)을 상실하여 진여의 지혜로
생활하지 못하게 되네.
망념을 끊어야 한다는 차별분별의 견해는 특별한 불법(佛法)
의
깨달음이 있다고 하는 견해 때문이고
진여의 지혜로 생활하는 것도 역시 고수(固守)한다는 생각을
하지 않아야 하며
진여의 지혜로 살아간다는 마음도 일어나지 않게 되면
자신의 만법에 조금의 허물도 없게 되고
대상경계의 육진(六塵)에 아무 허물이 없게 되어 무법(無法)의
경지가 되니
중생심의 망념이 생기지 않고 불심이라는 마음도 없게 되네.

能隨境滅, 境逐能沈, 境由能境, 能由境能, 欲知兩段,
元是一空.
一空同兩, 齊含萬象, 不見精麁(麤), 寧有偏黨.

망념이 있다고 생각하는 자신의 능견(能見)은 대상경계를 청
정하게 파악하면 망념은 사라지니
대상경계는 자신의 마음이 불심(佛心)으로 청정하게 되면 망
념은 사라져 청정하고
대상경계는 자신의 능견(能見)으로 말미암아 존재하는 것이
며
능견(能見)이라는 것도 대상경계로 말미암아 능견(能見)이
되는 것이니
이 양단(대상경계와 능견)의 근원을 알고자 하면
본래부터 청정한 공(空)인 진여의 지혜로 살면 되네.
진여의 지혜로 생활하면 능소(能所)가 모두 청정하여
삼라만상을 모두 청정하게 대하게 되니
정밀하고 조잡하다는 차별의 견해가 없는데
어찌 치우친 견해가 있을 수 있겠는가?

大道體寬, 無易無難, 小見狐疑, 轉急轉遲.
執之失度, 必(心)入邪路, 放之自然, 體無去住.
任性合道, 逍遙絕惱, 繫念乖眞, 昏(惛)沈不好.

위대한 진여의 지혜로 생활하여 어디에서나 상응(相應)하면
항상 변하지 않고 어려움 없이 생활하게 되지만
좁은 견해로 약삭빠르게 괴상한 방법으로 대도를 이루려 하며
빨리하려고 서두르면 서두를수록 대도와는 더욱더 멀어지네.
집착하여 구하려고 하면 법도(法度)를 상실하게 되어
중생심으로 삿된 일을 겪게 되는 것이니
그 마음을 놓으면 자연스럽게 여시하게 되어
진여의 지혜로 생활하게 되니 어디에서도 청정하게 되네.
진여 본성으로 자유자재하게 생활하면 도(道)와 계합하여 진
여의 지혜로 살아가게 되어
어디에도 걸림 없이 유유자적하게 생활하여 번뇌 망념은 없는
데
도(道)를 성취하려는 생각을 가지고 수행을 하면 진여본성과
는 어긋나게 되고
무명(無明)으로 미혹(昏沈)하여 중생심으로 살아가면 더더욱
도(道)와는 어긋나네.

不好勞神, 何用疎親, 欲取一乘, 勿惡六塵.
六塵不惡, 還同正覺, 智者無爲, 愚人自縛, 法無異法,
妄自愛著, 將心用心, 豈非大錯.

진여의 지혜로 생활하지 못하면 마음만 피로하게 하는데
친소(親疎)를 알아도 부처나 중생으로서 어떻게 생활하겠는
가?
만약 일승(一乘)의 경지로 나아가 진여의 지혜로 생활하고자
하면
육진(六塵)의 경계를 미워하지 않아야 하네.
육진(六塵)의 경계를 미워하지 않으면
도리어 정각(正覺)을 이루게 되어
진여의 지혜로 사는 사람은 무위(無爲)의 불국토에서 살고
어리석은 중생들은 육진(六塵)의 번뇌망념으로 자신을 속박
하네.
불법(佛法, 萬法)은 특별한 법(法)이 없는데
망념으로 자신들의 만법(萬法)만 특별하다고 애착을 하면
중생심으로 진여의 지혜로 생활한다고 하는 것이니
어찌 아주 잘못된 것이 아니겠는가?

迷生寂亂, 悟無好惡, 一切二邊, 良由斟酌.
夢幻虛華, 何勞把捉, 得失是非, 一時放却.

중생심의 미혹을 깨달으면 열반적정이고 깨닫지 못하면
중생심으로 어지럽다는 마음이 생기는 것이고
자신이 진여의 지혜로 생활하면 좋아하고 미워하는 마음이
없게 되니
일체의 만법(萬法)을 자신이 중생심의 양변으로만 아는 것은
진실로 자신이 중생심으로 짐작(斟酌)하여 아는 것 때문이네.
중생들은 꿈속에서 환상인 번뇌망념을 진실인 것으로 알고
어떻게 애써 피곤하게 파악하여 잡으려고 하는 것은
깨닫고 깨닫지 못하였다고 시비(是非)하는 마음 때문이니
이 마음을 모두 멈추고 방행(放行)하여야하네.

眼若不睡, 諸夢自除, 心若不異, 萬法一如.
一如體玄, 兀爾忘緣, 萬法齊觀, 歸復自然, 泯其所以, 不可方
比.

자신의 안목(眼目)에 졸음으로 인한 미혹함이 없으면
환상인 번뇌 망념은 저절로 모두 제거되고
자신의 마음에 특별히 차별 분별하는 마음이 없으니

자신의 만법(萬法)이 불법(佛法)과 똑같게 되는 것이네.
자신의 만법(萬法)이 일여(一如)의 경지가 되면 자신이 진여의
지혜로 생활하게 되니
자연히 망념은 없게 되어 중생심으로 차별 분별하는 마음이
사라지고
자신의 만법(萬法)이 청정하여 모든 대상경계의 만법(萬法)을
청정하게 관조하면
다시 자연스럽게 원래의 모습인 진여의 지혜로 살아가게 되니
자신의 만법(萬法)을 의식의 대상으로 알지 않고
무엇과도 비교하여 분별하지 않게 되어 자유자재한 한도인(閑
道人)으로 살게 되네.

止動無動, 動止無止, 兩既不成, 一何有爾.
究竟窮極, 不存軌則, 契(啓)心平等, 所作俱息.

망념을 멈추게 되면 망념은 없게 되지만
망념을 멈추었다는 마음이 나게 되면 망념을 멈춘 것이 아니게
되니
망념이 있고 없다는 생각이 있으면 이 경지에는 도달할 수
없고
여시하게 진여의 지혜로 살아가면 의식의 대상으로 아는 것은

하나도 없어야 하네.
진여의 지혜로 살아가는 것은 구경의 궁극적인 경지에 사는 것이니
마음속에 고정된 법칙이 존재하지 않게 되어
자신의 마음이 절대 평등한 경지가 되고
대상으로 알고 조작하는 마음을 모두 쉬게 되어 진여의 지혜로 사네.

狐疑盡淨, 正信調直, 一切不留, 無可記憶.
虛明自照, 不勞心力, 非思量處, 識情難測.

자신이 생각하는 모든 의심이 모두 사라져 망념을 청정하게 하면
자신이 정념을 확신하여 망념을 청정하게 전환할 줄 알고
일체의 망념은 하나도 남아 있지 않고
과거의 기억이나 추억으로 살아가지 않네.
청정하게 진여의 지혜로 살아가면 자연스럽게 자유자재하게 살게 되니
조작(造作)하여 성불(成佛)하려고 하지 않고
사량 분별을 하지 않는 곳에 살지만
그 곳을 중생심의 마음으로 측량하기는 어렵네.

真如法界, 無他無自, 要急相應, 唯言不二.
不二皆同, 無不包容, 十方智者, 皆入此宗, 宗非促延,
一念萬年.

진여의 지혜로 진여법계에서 사는 것은
자신의 중생심을 버리라는 것이지 다른 뜻이 없고
간절하게 바로 서로 상응하여 진여의 법계에서 살아가기를
원하면
오로지 차별분별하지 않고 진여의 지혜로 살아가기를 서원하
여야 하네.
차별분별하지 않고 모두를 평등하게 존중하면
차별 분별한다는 마음이 전혀 없게 되어 청정한 법계가 되니
시방삼세의 성자가 진여의 지혜로 살아가는 것은
자신이 불법(佛法)의 종지를 모두 돈오한 것이고
불법(佛法)의 종지는 차별분별을 하지 않고 지금 바로 실행하
면 되니
진여의 지혜로 살아가려면 시공간을 초월하여야 하네.

無在不在, 十方目前, 極小同大, 忘絶境界, 極大同小,
不見邊表.
有即是無, 無即是有, 若不如此(是), 必不須守.

망념이 있고 없다는 상대적인 차별분별 없이 진여의 지혜로
생활하면
목전(目前)에서 무법(無法)으로 시방세계가 현전(現前)하고
아주 작은 망념과 큰 망념이 동등하게 나온다는 것을 자각하니
차별 분별하는 모든 의식의 대상경계가 모두 끊어지고
아주 큰 망념이 미세한 망념과 근본이 같은 것이나
분별심으로는 진여법계의 시작과 끝을 찾을 수 없는 것이네
진여의 지혜로 살아가면 번뇌 망념은 없는 것이고
번뇌 망념이 없다고 하면 진여의 지혜로 살아가는 것이니
만약에 이와 같이 체득하지 않았다고 하면
자신의 고정관념을 고수(固守)하려고 하지 말아야 하네.

一即一切, 一切即一, 但能如是, 何慮不畢.
信心不二, 不二信心, 言語道斷, 非去來今.

하나의 망념도 없이 진여의 지혜로 생활하여 일체의 만법과
하나 되고

일체의 만법은 자신과 일행삼매가 되어
단지 자신이 이와 같이 진여의 지혜로 여시하게 살아갈 수 있다면
불국토에 태어나서 사는 무슨 걱정을 할 필요가 있겠는가?
진여의 지혜로 대상경계를 자신의 불심(佛心)과 동일하다고 확신하여 차별분별하지 않고
자신의 불심(佛心)에 차별분별이 없다는 확신을 하면
언어문자로 차별 분별하는 마음이 모두 끊어지니
삼세를 모두 초월하여 진여의 지혜로 살아가네.

신심명(信心銘)

(자신의 불심(佛心)을 확신하게 하는 좌우명)

僧璨

1. 지도(至道)

至道無難唯嫌揀擇, 但莫憎愛洞然明白.

(至道無難, 唯嫌揀擇, 但莫憎愛, 洞然明白.)

【번역】1

한도인(閑道人)으로 살아가는 것이 어렵지 않다고 하는 것은
오로지 간택(揀擇)만 하지 않으면 된다고 하는 것이므로
단지 증애(憎愛)의 마음만 없이 살아가면
한도인(閑道人)이라고 하는 것이네.

누구나 진여의 지혜로 아주 청정하게 살아가는 것이 어렵지 않다고 하는 것은

비록 사량 분별하며 간택(揀擇)하는 마음을 싫어하여도 없애려고 하지 않고

단지 자신이 미워하고 좋아하는 마음을 갖지 않고 이것을 자각(自覺)하여 공(空)으로 청정하게 살아가면

아주 정확하게 진여의 지혜로 살아가는 한도인(閑道人)이 명백하네.

【해설】

※ 지도무난유혐간택(至道無難唯嫌揀擇) : 지도(至道)라고 하는 것은 진여의 지혜로 청정하게 생활하는 것을 말하는 것이므로 어렵지 않다고 하는 것이고, 어느 누구나 할 수 있기 때문에 종교(宗敎)라고 하며 선불교라고 한다.

간택(揀擇)을 싫어한다고 하는 것은 중생심(衆生心)으로 간택(揀擇)하는 마음이 남아 있다는 것을 말하는 것이므로, 간택(揀擇)이나 증애(憎愛)를 억지로 없애려고 하면 진여(眞如)의 지혜(智慧)로 생활하는 것이 아니다.

그러므로 망념을 없애려고 하면 할수록 더욱더 지도(至道)의 경지와는 더 멀어지고 망념으로 자신을 더 얽어매는 것이 되니 간택(揀擇)에서 벗어나려고 하는 그 마음을 자각하여 공(空)으로 전환하여 생활할 줄 알아야 한다.

사족(蛇足)을 달면 지도(至道)의 경지를 알음알이인 언어문자와 지식으로 알려고 하면 더욱더 고통(苦痛)속으로 빠져든다고 하는 것이다.

견성(見性)하는 것은 쉬워도 도(道)를 실천하는 것이 어렵기 때문에 불립문자(不立文字)나 염화미소(拈花微笑)라고 하는 것이지 언어문자를 부정하여 사용하지 말라는 것이 아니다.

언어문자를 긍정하여 자유자재로 사용하되 언어문자를 알고 언어문자에 빠지지 않고 사용하게 하려고 견성(見性)하여 공(空)을 체득하고 자유자재로 공(空)을 실천하는 것을 도(道)를 실천한다고 하는 것이기에 완벽하게 요달해야 한다.

한도인(閑道人)이 된다고 하는 것은 인혹(人惑)이나 경혹(境惑)을 받지 않으며 어디에도 의지하지 않고 천연(天然)하게 살아가는 사람이 되어야 간택(揀擇)하지 않고 살아가는 한도인(閑道人)이라고 할 수 있다.

☆ 지도(至道) : 지도(至道)는 지극한 도(道), 구경의 도리, 불도(佛道) 등을 나타내는 단어인데 진여의 지혜로 청정하게 생활하는 것이라고 번역한

것은 도(道)나 선(禪)은 한도인(閑道人)이 생활하는 것을 말하는 것이므로 이와 같이 번역한 것이다.

※ 단막증애통연명백(但莫憎愛洞然明白) : 간택(揀擇)이라고 하는 것과 증애(憎愛)는 대상경계를 보고 구분하여 판단할 줄 알지만 대상경계를 증애(憎愛)하지 않는다고 하는 것은, 자신이 무위법(無爲法)으로 간택(揀擇)을 하면 당연히 증애(憎愛)의 마음은 없기 때문에 공(空)으로 전환할 줄 알고 살아가면 한도인(閑道人)이 명백하다.

그래서 진여의 지혜로 청정하게 생활하면 항상 근심걱정이 없게 되는 것이고, 한도인이 간택(揀擇)을 하며 싫어하고 좋아하는 차별이 있다고 하는 것은 무위법(無爲法)인 공(空)으로 간택(揀擇)하는 것이기에 미워하고 좋아하는 마음이 없는 진여의 지혜로 생활하기 때문에 한도인(閑道人, 無依道人)이 분명하다고 하는 것이다.

또 증애(憎愛)하는 것을 자신이 자신을 알고 살아가는 것이지 타인(他人)을 위하여 타인들이 알아주기를 바라는 것이 아닌 것이므로 자신이 한도인(閑道人)이라는 사실을 명백하게 알 수 있다.

☆ 증애(憎愛) : 미워하고 좋아하는 것으로 차별 분별하는 마음을 말하는 것이고, 중생심으로 자기 마음대로 판단하고 생활하는 사고(思考)를 증애

(憎愛)라고 한다.

일반적인 중생심의 마음을 증애라고 하는 것이므로 번뇌 망념의 마음을 벗어난 무위(無爲)의 경지가 되는 것을 증애(憎愛)를 하지 않는다고 한다.

2. 심병(心病)

豪[1]釐有差天地懸隔, 欲得現前莫存順逆,
違順相爭是爲心病.
(毫釐有差, 天地懸隔, 欲得現前, 莫存順逆, 違順相爭, 是爲
心病.)

【번역】 1

그러나 조금이라도 이것과 어긋나게 되면
한도인(閑道人)으로 살지 못하는 것이고
한도인(閑道人)으로 지금 바로 살아가고자 한다면
마음에 증애(憎愛)의 차별심이 없어야 하며
간택(揀擇)이나 증애(憎愛)의 차별심이 조금이라도 있으면,
심병(心病)이 되네.

【번역】 2

만약에 털끝만큼이라도 차별 분별하는 증애(憎愛)의 마음이

---

1) 豪=毫 明本

있게 되면

진여의 지혜로 생활하는 것과는 아주 어긋나게 되니

지금 바로 진여의 지혜로 살아가고자 하면

마음속에 차별 분별하는 증애(憎愛)의 마음이 조금도 없어야
하며

자신이 마음속에서 조금이라도 의심(擬心)하는 마음이 일어
나면

이것이 바로 자기 마음의 병(病)이 되네.

【해설】

※ 호리유차천지현격(豪釐有差天地懸隔) : 자신이 한도인(閑
道人)이라고 하면서 털끝만큼이라도 중생심으로 차별 분별하
는 마음이 있다면 한도인(閑道人)과는 아주 어긋나게 되는
것이다.

진여의 지혜는 자신이 자신을 속이지 않아야 가능한 것이지
자신이 자신을 속인다고 하는 것은 아주 큰 허물이지만 남이
알 수 있는 것이 아니므로 누군가를 속이려고 하면 자신이
중생(衆生)이 되는 것이고 속이지 않으면 부처가 될 수 있는
것이기에 천지(天地)와 같이 구분된다고 한다.

조금이라도 대상경계와 짝하지 말고 진여의 지혜로 살아가

야 한다는 것을 강조하는 것으로 의심즉차(擬心卽差)와 동념
즉괴(動念卽乖)라고 다시 설명하고 있다.

☆ 호리(毫釐) : 아주 작은 것. 여기에서 아주 작다고 한 것은 미세한 망념(妄念)
  도 있으면 안 된다고 하는 것이다.
  지금 자신이 하고 있는 일이 지식인지 지혜인지를 구분하지 못하는 것을
  말한다.
☆ 천지(天地) : 하늘과 땅이라는 말이지만 지식으로 살아가는 것과 지혜로
  살아가는 것은 완전히 다른 것이다.
  지혜와 지식을 구분하지 못하고 진여의 지혜를 구분하지 못하면 불법(佛法)
  을 수행하는 수행자가 아니고 현자(賢者)가 되기 위하여 노력하는 수행자가
  된다.

※ 욕득현전막존순역(欲得現前莫存順逆) : 지금부터 자신이
한도인(閑道人)으로 진여의 지혜로 살아가고자 한다면 마음
속에 탐진치(貪瞋癡)나 중생심(衆生心)으로 미워하고 좋아하
는 차별 분별하는 마음이 조금도 없어야 한다.
  순연(順緣)이나 악연(惡緣)이 모두 열반적정에 이르는 길
이라는 것을 깨닫게 되면 지금 바로 자신이 한도인(閑道人)으
로 살아갈 수 있다.

☆ 현전(現前) : 지금 바로 눈앞에 지도(至道)의 경지에서 살아가는 한도인(閑

44

道人)이 되는 것.

☆ 순역(順逆) : 옳고 그르다는 마음이 대상경계에 따라 일어나지 않아야
하는 지도(至道)의 경지가 되어야 지금 바로 자신이 한도인(閑道人)이
되는 것이다.

※ 위순상쟁시위심병(違順相爭是爲心病) : 자신의 마음속에
서 조금이라도 중생심(衆生心)으로 의심(擬心)하는 마음이
일어난다면 이것이 바로 자기 마음의 병(病)이 되는 것이라고
하는 것은 자신이 철저하게 확신하지 못했기 때문이다.

자신이 확신하지 못하고 중생심으로 증애(憎愛)의 마음을
일으키고 있다면 다시 불법(佛法)의 기초를 알아야 하고 지혜
와 지식, 진여의 지혜를 다시 파악하고 수행하여야 한다.

좋아하고 싫어하는 마음을 내는 것이 자신의 마음이고 자신
이라는 사실을 알지 못하고 대상경계에 의하여 마음을 낸다고
알고 자신을 다스리려고 하지 않고 대상경계를 다스리고 제거
하려고 하는 것은 너무나도 잘못 된 것이다.

그리고 자신이 불법(佛法)을 알지 못하여 판단하는 가치관
이 없어서 스스로 시비(是非)를 논한다고 하면 이것은 앞에
말했듯이 불법(佛法)의 기초를 알아야 하는 것이기에 여기에
서 논한다고 하는 것은 우는 어린아이에게 황엽(黃葉)을 주어
오히려 병을 더 키우는 것이 된다.

☆ 위순(違順) : 순역(順逆)과 같은 뜻으로 자신의 가치관이 불법(佛法)에 맞지 않고 자신의 중생심으로 항상 차별 분별하는 것을 뜻한다.

자신의 마음속에 있는 번뇌 망념을 알지 못하고 대상경계만 바라보며 시비(是非)를 가리는 것을 말한다.

대상경계가 구원받기를 바라며 자신이 자신의 육신을 학대하며 고행을 하면 수레를 때리는 것과 소를 때리는 것의 차이를 말하는 것으로 자신의 육신을 괴롭혀서 마음을 치료하는 것이 되는 것이어서 심병(心病)이라고 하는 것이다.

☆ 심병(心病) : 세간에서 심병(心病)은 탐진치(貪瞋癡)에 의한 병을 말하는 것이고, 불교에서 수행자들이 구도(求道)를 위한 선병(禪病)과 공병(空病)을 말한다.

3. 고행(苦行)과 수행(修行)

不識玄旨徒勞念靜, 圓同太虛無欠無餘.
良由取捨所以不如, 莫逐有緣勿住空忍.
(不識玄旨, 徒勞念靜, 圓同太虛, 無欠無餘.
　良由取捨, 所以不如, 莫逐有緣, 勿住空忍.)

【번역】1

(한도인이) 불법(佛法)의 현지(玄旨)를 알지 못하면서 수행하면
헛되이 증애(憎愛)의 마음을 없애려고 수행하게 되지만
현지(玄旨)를 체득하여 원만한 지혜로 수행하면
조금도 모자라지 않게 되네.
오직 취사(取捨)하여야 청정하게 된다고 하는 마음으로 인하여
여시(如是)하게 살지 못하는 것이니
만연(萬緣)을 없애려고 하지 말고
무생법인(無生法忍)에도 머물지 말아야 하네.

불법(佛法)에 맞게 진여의 지혜로 생활하는 것을 의식의 대상
으로만 알고 있으면
헛되이 자신의 마음만 청정하게 하려고 하게 되지만
원만한 진여의 지혜로 항상 허공(虛空)처럼 청정하게 생활을
하면
조금도 어긋나지 않게 되네.
진실로 취사(取捨)하려는 마음으로 인하여
여시한 진여의 지혜로 살지 못하는 것이니
만연(萬緣)을 자신의 마음에서 단절하려고 하지 말고
무생법인(無生法忍)에 집착하지도 말아야 하네.

[해설]

※ 불식현지도로염정(不識玄旨徒勞念靜) : 현지(玄旨)는 불
법(佛法)의 심오한 도리를 말하는 것이므로 불법(佛法)에 맞게
진여의 지혜로 생활하는 것이라고 번역했다.
　　그래서 불식(不識)을 의식의 대상으로 알지 말고 자신이
실천하는 것으로 알고 생활하면 되는 것을, 헛되이 자신의
마음만 청정하게 하면 부처가 된다고 하는 것은, 실천이 없는

48

마음뿐인 것이 된다.

그러므로 헛되이 고생만 한다고 하는 것이다.

불법(佛法)의 현지(玄旨)를 체득하지 못하면 항상 중생심으로 의심(疑心)을 하게 되는 것은, 자신이 불법(佛法)에 대한 가치관을 형성하지 못한 것이므로 불법(佛法)에 대한 확신이 없어서 의심(疑心)을 하게 된다.

즉 자신의 마음이 청정한 공(空)이라는 사실을 대상으로 알고 견성(見性)만 하면 모든 것이 이루어지는 것이라고 착각하여, 마음을 청정하게 하려고 증애(憎愛)하는 마음만 없애려 노력하는 것은 헛된 것이 된다.

왜냐하면 견성(見性)을 하고 나면 모든 것을 다 이룩한 것이라고 착각하는 소승의 벽지불(辟支佛)은 성불(成佛)을 하여 대승의 실천을 하는 것이 없기 때문에 절름발이 생활을 진실이라고 하는 어리석음을 면하기는 어려우므로 헛되이 견성(見性)에만 집착하지 말라고 하는 것이다.

☆ 불식(不識) : ~ ~ ~을 대상으로 알지 않는 것, 알지 못하는 것.

☆ 현지(玄旨) : 불법(佛法)의 대의(大意), 불교(佛敎)의 심오한 뜻, 진여의 지혜.

☆ 도로(徒勞) : 헛되이, 쓸데없이.

※ 원동태허무흠무여(圓同太虛無欠無餘) : 진여의 지혜로 원만하게 생활을 할 줄 알면 현지(玄旨)를 체득하여 실천하는 것이므로 항상 허공(虛空)처럼 청정하게 생활하는 것이다.

그러므로 진여의 지혜로 청정하게 생활을 한다면 조금도 어긋나지 않게 되는 것이다.

육진(六塵)과 육근(六根)과 육식(六識)이 청정하여 허공(虛空)과 동등(同等)하게 되어야 현지(玄旨)를 체득했다고 할 수 있는 것이므로 부족하거나 남지 않게 되어 조금도 어긋나지 않는다고 자신이 알게 된다.

☆ 원동(圓同) : 원만(圓滿)이나 원각(圓覺)과 동등하여야 진여의 지혜가 된다.
☆ 태허(太虛) : 허공(虛空)과 같이 원만하므로 공(空)을 청정하다고 한다.

※ 양유취사소이불여(良由取捨所以不如) : 취사(取捨)하려는 마음만 없으면 현지(玄旨)를 체득하여 진여의 지혜로 살아갈 수 있는데도 만법일여(萬法一如)의 경지에 도달하지 못하는 것이다.

즉 취사(取捨)하는 마음을 청정하게 해야 한다는 이 말 때문에 계속하여 현지(玄旨)나 인연(因緣)이라는 말을 하여 견성(見性)을 해야 한다고 하는 것이고 이것으로 인하여 또 다시 진여의 지혜로 살아가지 못하는 경우가 있다.

원래는 불생불멸(不生不滅)이지만 탐진치(貪瞋癡)에 의하여 계정혜(戒定慧)로 살아가지 못하고 망념(妄念)을 버리고 지혜를 취하여 깨달음을 얻어야 한다고 하는 일이 생긴다고 하는 것이다.

☆ 취사(取捨) : 취하고 버림, 불법(佛法)의 대의를 돈오(頓悟)하지 못하여 대상으로 나타나는 경계를 따라 자신이 취사하는 것.

※ 막축유연물주공인(莫逐有緣勿住空忍) : 그래서 만연(萬緣)을 없애려고 계속하여 자신의 본마음이 어디에 있는가하고 찾거나 청정하게 하려고 하지 말고 무생법인(無生法忍)에도 집착하지 말라고 한다.

마음을 가지고 마음을 찾는 이를 두고, 소를 타고 소를 찾는다고 하는 것이고, 또 불법(佛法)의 현지(玄旨)를 알고도 벽지불이 되는 어리석음에 떨어지지 말고 한도인으로 살아가기를 간절하게 바라고 있다.

☆ 유연(有緣) : 인연(因緣)에 따라 대상경계와 짝하는 것, 순연(順緣)에 따르는 유위법(有爲法).

☆ 공인(空忍) : 무생법인(無生法忍), 공(空)의 경지를 체득하는 것.

4. 조작심이 없어야 진여의 지혜

一種平懷泯然自盡, 止動歸止止更彌動. 唯滯兩邊寧知一種,
一種不通兩處失功.
(一種平懷, 泯然自盡, 止動歸止, 止更彌動.
　唯滯兩邊, 寧知一種, 一種不通, 兩處失功.)

【번역】1

(한도인으로서) 하나를 평등하게 진여의 지혜로 전환할 줄
알면
만연(萬緣)은 저절로 없어지는 것이나
* (중생심을 불법(佛法)으로 전환)
망념(妄念)을 없애고 본성(本性)으로 돌아가려고 하면
망념(妄念)을 없애려는 것이 오히려 망념(妄念)이 되네.
오로지 망념(妄念)이 있고 없어야 한다는 양변에 집착한다면
어떻게 하나라도 본성으로 전환하여 깨달을 수 있으며
이 한 가지를 본성으로 전환하여 통달하지 못하면
어디에서도 공덕(功德)은 없네.

만약에 하나라도 마음속에서 평등하게 진여의 지혜로 전환할
줄 알면
만연(萬緣)은 저절로 사라지고
망념(妄念)을 멈추어 망념(妄念)이 없는 곳으로 돌아가게 하려
고 하면
망념(妄念)을 멈추려고 하는 것이 오히려 망념(妄念)이 되는
것이네.
오직 양변(兩邊)에만 빠져 있으면서
자신이 진여(眞如)의 지혜(智慧)로 사는 법을 알려고 하면
하나도 통달할 수 없게 되니
어디에서도 공덕(功德)이 없게 되어 진여의 지혜로 살아가지
못하네.

【해설】

※ 일종평회민연자진(一種平懷泯然自盡) : 마음에 집착하는
것을 모두 다 평등하게 진여의 지혜로 전환할 줄 알면 자신의
만연(萬緣)은 저절로 사라지는 것인데 망념(妄念)을 없애려고
하면 없애려는 마음이 오히려 망념이 되는 것이다.

일종(一種)을 하나라고 번역한 것은 하나를 할 줄 알면 모든 것을 할 수 있기에 하나라고 한 것이고 불법(佛法)으로 중생심을 평등하게 진여의 지혜로 전환할 줄 알면 만연(萬緣)은 저절로 없어져 진실만 존재하게 되어 해탈하게 된다.

☆ 일종(一種) : 한 가지를 본성(本性)으로 전환할 줄 알면 모든 것을 전환할 수 있기 때문에 한자지라고 한 것임. 일(一)은 본래나 본성(本性), 여여(如如)라고도 하므로 본래의 종성(種性)이라고도 함.

☆ 평회(平懷) : 평등한 마음이나 평상심을 말함. 중생심을 불심(佛心)으로 전환하면 평상심이 지도(至道)의 경지가 되는 것. 경계지성(境界之性)과 같음.

☆ 민연(泯然) : 유위법이 모두 없어져 청정하게 되는 것.

※ 지동귀지지경미동(止動歸止止更彌動) : 망념(妄念)이 없어야 근본으로 돌아가는 것이라고 알고 있다면 목석(木石)도 부처가 되는 것이 되는 것이므로 망념(妄念)을 없애려고 하는 것이 오히려 망념이 된다는 것을 말하고 있다.

그러므로 망념(妄念)을 없애려고 하지 않고 망념(妄念)을 돈오(頓悟)하거나 전환(轉換)한다고 하는 것을 번뇌즉보리(煩惱卽菩提)이다.

망념을 쉬어야 한다고 하면서 망념을 쉬려고 하면 쉬려고 하는 마음이 오히려 망념이 된다는 사실을 망각하고 육신이나 정신을 학대(虐待)하는 잘못된 수행자들을 경책하는 것이다.

지금 자신이 진여의 지혜로 살아가기만 하면 모든 것이 청정한 불국토인데 다시 더 청정한 불국토가 어디에 존재한다고 생각하며 찾고 있다면 영원히 심병(心病)을 가진 중생으로 살게 된다.

☆ 지동(止動) : 망념(妄念)을 멈추려고 하면 할수록 망념(妄念)에서 벗어나지 못하는 것을 말함. 불법(佛法)의 대의를 모르면 유위법(有爲法)으로 살면서 번뇌 망념을 멈추려고 하므로 깨달음과 깨닫지 못함과 중생이나 성자라는 차별에서 벗어나지 못하는 것.

※ 유체양변영지일종(唯滯兩邊寧知一種) : 오로지 망념(妄念)이 있고 없다는 것으로 진여의 지혜로 살고 살지 못한다고 알고 있으면 진여의 지혜로 살아갈 수 없게 된다.

양변(兩邊)을 집착하여 삼매(三昧)만 고집하거나 대상의 지식만 고집한다면 영원히 불법(佛法)의 진실이 무엇인지 깨닫지 못하게 된다고 하는 것이다.

※ 일종불통양처실공(一種不通兩處失功) : 진여의 지혜로 살아가는 법을 통달하지 못하면 어디에서도 공덕(功德)이 없게 되어 진여의 지혜로 살아가지 못하게 된다고 하고 있다.

증애(憎愛)나 간택(揀擇)으로는 아무리 뛰어난 지식을 가

졌다고 하더라도 공덕(功德)이 없는 현자(賢者)의 삶만 살아 가게 된다.

5. 공병(空病)

遣有沒有從空背空, 多言多慮轉不相應, 絶言絶慮無處不通.
(遣有沒有, 從空背空, 多言多慮, 轉不相應, 絶言絶慮, 無處
不通.)

【번역】 1

한도인도 망념(妄念)을 없애려고 하면 망념(妄念)에 더 빠지고
망념을 비우는 것이 공(空)이라고 하면 공(空)의 가르침을
위배하며
온갖 언어문자나 사량 분별로 깨달음의 도(道)를 추구하면
더욱더 상응(相應)하지 못하니
언어문자와 사량 분별을 벗어나면
어디에서나 도(道)를 통달하여 한도인으로 살아가게 되네.

【번역】 2

양변(兩邊)의 망념을 버리려고 하면 버리려고 하는 망념에
더욱더 빠지게 되고

*(마음으로 마음을 비우려고 하는 것)
공(空)을 추구하게 되면 오히려 공(空)의 가르침을 위배하게
되니
아무리 많은 언어문자로 온갖 사량 분별을 다할지라도
오히려 더욱더 어긋나게 되는 것이니
언어문자와 생각으로 중생심의 사량 분별만 하지 않으면
어디에서나 진여의 지혜로 생활하게 되네.

[해설]

※ 견유몰유종공배공(遣有沒有從空背空) : 망념(妄念)이 있
다는 것과 망념이 없다는 것은 모두가 자신이 의식으로 아는
것인데도 안다는 의식조차도 모두 없애려고 하니 더욱더 자신
의 마음만 괴롭게 된다.

　이것을 망념에 빠진다고 하는 것이고 마음으로 마음을 비우
려고 하는 것이므로 오히려 망념만 더욱더 많아지게 되는
것이다.

　망념(妄念)을 버린다고 하는 말은 모순이 되는 것이고 망념
(妄念)을 자각하면 청정하게 되는 것이므로 염기즉각 각지즉
무(念起即覺, 覺之即無)[2]라고 한다는 사실을 알아야 한다.

---

2) 『宗鏡錄』卷34(『大正藏』48, 614쪽. 중19.) :「念起即覺, 覺之即無」

공(空)을 비워야 한다고 이해하고는 망념을 비우기 위하여 수행한다고 하면 공(空)을 대상으로 알고 수행하는 것이기에 대상경계의 망념(妄念)을 없어야 된다고 하는 것이 되니, 전념(前念)과 후념(後念)을 지금 다시 생각하지 않으면 청정한 수행을 하게 된다.

공(空)의 법문은 청정한 진여의 지혜로 살아가게 하기 위한 것이지, 공(空)을 추구 하게 하는 것은 아니고, 망념을 버리라고 방편으로 말을 한 것은, 불법(佛法)의 현지(玄旨)를 체득하여 살아가라고 한 것이다.

불법(佛法)의 현지(玄旨)를 알지 못하면 오온(五蘊)이 공(空)이라는 사실을 알기도 어려운 것이고, 아무리 오랜 세월을 수행한다고 하여도 자기 나름대로의 철학자만 된다.

다시 말하면 망념(妄念)을 비운다고 하는 것이나 청정하게 한다고 하는 것도 모두가 진여의 지혜를 알게 하려는 방편인 것이며, 공(空)을 대상으로 알고 수행하면 공(空)의 가르침과 위배된다.

※ 다언다려전불상응(多言多慮轉不相應) : 온갖 언어문자로 고민을 하고 사량 분별을 하여도 결국은 자신의 마음만 괴롭게 되어 자신의 고통을 벗어나지 못하게 되므로 자신이 진여의 지혜로 사는 도(道)와는 더욱더 멀어지게 되는 것이어서 공(空)의 가르침과는 아주 어긋나게 된다.

공(空)을 잘못알고 알음알이로 깨달으려고 하면 불법(佛法)과는 멀어지고 계속하여 생사(生死)고해(苦海)에서 벗어나지 못하고 윤회하게 된다.

공병(空病)이라고 하는 것은 비워야 한다는 생각을 가지고 수행하는 수행자들에게 말하는 것이지 탐진치(貪瞋癡)로 살아가는 세속의 사람들에게 탐진치(貪瞋癡)를 버리고 지족(知足)하여 살아가라는 것과는 다른 것이다.

지음(知音)이나 지족(知足)을 할 줄 모르는 이들에게는 공병(空病)이 아니고 탐진치(貪瞋癡)가 병(病)인 것이므로 방편으로 온갖 말과 근심걱정을 하며 비유하여 화택(火宅)이나 빈자(貧者)나 황엽(黃葉) 등으로 유인하는 것이다.

※ 절언절려무처불통(絶言絶慮無處不通) : 언어문자나 사량분별로 도(道)를 성취하려고 하는 수행자들을 위하여 언어문자로 중생심(衆生心)의 사량 분별만 하지 않게 되면 방편으로 어디에서나 진여의 지혜로 생활하는 한도인(閑道人)이라고 말하고 있다.

즉 마음을 비우면 도(道)가 된다고 말하며 마음을 비웠다고 말하는 이들은 모두가 공병(空病)이 되는 것이므로 비운다는 마음조차도 없는 경지가 되어 짝하는 대상경계가 불성(佛性, 本性, 自性)이 되어 짝이라는 차별심이 모두 사라지면 어디에서나 자유롭게 한도인(閑道人) 살아가게 된다.

6. 만법일여(萬法一如)

歸根得旨隨照失宗, 須臾返照勝却前空.

前空轉變皆由妄見, 不用求真唯須息見.

二見不住慎莫追尋, 才(纔)有是非紛然失心.

二由一有一亦莫守, 一心不生萬法無咎, 無咎無法不生不心.

(歸根得旨, 隨照失宗, 須臾返照, 勝却前空, 前空轉變, 皆由妄見.

不用求眞, 唯須息見. 二見不住, 愼勿追尋, 纔有是非, 紛然失心.

二由一有, 一亦莫守, 一心不生, 萬法無咎, 無咎無法, 不生不心.)

본성(本性)으로 돌아가면 현지(玄旨)를 체득하고

경계를 따르면 종지(宗旨)를 잃게 되니

잠시라도 본성으로 관조하면

망념(妄念)을 비운다는 공(空)의 가르침 보다 수승하네.

망념을 비운다고 하지만 전변(轉變)3)하여 나타나는 것은

---

3) 전변(轉變) : 전식(轉識)을 말하는 것으로 본성(本性) 이외에 변화하는 7가지

모두가 망견(妄見)으로 인한 것이니

망견(妄見)으로 지혜를 구하려고 하지 말고

반드시 중생심의 망견(妄見)을 쉬어야 하네.

(한도인은) 망념(妄念)과 망념(妄念)을 끊어야 한다는 견해도

갖지 말고

그것의 근원을 찾으려고 하지 않아야 하며

조금이라도 차별 분별하는 마음이 있으면

바로 분분(紛紛)하게 본심(本心)을 잃게 되네.

차별 분별하는 것은 고정된 본심이 있다고 하는 것 때문이니

고정된 본심도 역시 고수하지 말고

하나의 망념도 생기지 않으면

자신의 만법(萬法)은 허물이 없는 것이며

어디에도 허물이 없게 되어 무법(無法)이 되니

중생심의 망견을 쉬게 되네.

[번역] 2

모두를 공(空)으로 전환할 줄만 알면 현지(玄旨)를 체득하게

되고

중생심을 따르게 되면 종지(宗旨)를 상실하게 되는 것이니

식으로 즉 아뢰야식을 제외한 안이비설신의의 6식과 말나식으로 변하는 것.

조금이라도 자신이 망념에 빠진 것을 관조할 줄 알기만 하면
양변의 망념을 버린다고 하여 공(空)에 빠진 것보다 수승한
것이네.

양변의 망념을 버린다고 하여 다시 공(空)이 장애가 되는 것은
* (망념이 있고 없고의 양변과 그것을 비우는 공)
모두가 중생심의 망령된 견해(見解) 때문이니
중생심으로 진여의 지혜를 구하려고 하지 말고
바라건대 반드시 중생심의 견해를 멈추어야 하는 것이네.
 망념을 끊어야 한다는 견해를 가지지도 말고
진실로 망념을 추적하여 찾으려고 하지 말아야 하는 것이니
조금이라도 시비(是非)의 분별이 있게 되면
산란하게 되어 자신의 불심(佛心)을 상실하여 진여의 지혜로
생활하지 못하게 되네.

망념을 끊어야 한다는 차별분별의 견해는 특별한 불법(佛法)
의
깨달음이 있다고 하는 견해 때문이고
진여의 지혜로 생활하는 것도 역시 고수(固守)한다는 생각을
하지 않아야 하며
* (불법이나 공이라는 견해도 버리고)
진여의 지혜로 살아간다는 마음도 일어나지 않게 되면
자신의 만법에 조금의 허물도 없게 되고
대상경계의 육진(六塵)에 아무 허물이 없게 되어 무법(無法)의

경지가 되니

중생심의 망념이 생기지 않고 불심(佛心)이라는 마음도 없게
되네.

* (마음이니 불심(佛心)이니 중생심이니 하는 마음도 없이
진여의 지혜로 생활하는 몰종적의 한도인(閑道人)이 된다.)

【해설】

※ 귀근득지수조실종(歸根得旨隨照失宗) : 망념(妄念)의 근
원으로 돌아가면 망념(妄念)이 결국 자기 자신의 마음이라는
사실을 알게 된다.

　이 마음이 망념(妄念)인지 정념(正念)인지 모르면서 자신
의 생각 속에 갇혀 있다가 벗어나게 되면 자유로운 상태가
되는 것이다.

　벗어나서 자신의 마음을 알고 청정하게 공(空)으로 돌이키
고 벗어나지 않았다면 탐진치를 포기하고 벗어나는 것이 중요
하다.

　여기에서 현지(玄旨)를 체득한다고 하는 것은 불법(佛法)
에 맞는 공(空)의 현지(玄旨)인 것이지 외도(外道)들의 근원
이 아니다.

　망념(妄念)을 진여의 지혜로 전환하여 현지(玄旨)를 체득

하는 것은 모두를 공(空)으로 전환하여야 하는 것이나 만약에 공(空)으로 전환하지 않고 지금까지 자신이 알고 있는 중생심으로 대상경계에 따르면 외도(外道)가 되는 것이므로 종지(宗旨)를 상실하는 것이라고 하는 것이다.

외도(外道)의 가르침이 올바른 것이라고 생각하면 외도(外道)인 것이지 불법(佛法)에 따른 정법(正法)은 아닌 것이므로 수행자들은 마음 밖에서 수행하는 외도(外道)가 되지 않아야 한다.

향외치구(向外馳求)하지 않는 수행자가 되어 어디에서나 주인공으로 살아가라고 하는 것이지 외도(外道)가 되어 살아가라고 하는 것은 아니므로 향외치구(向外馳求)하면 종지(宗旨)까지도 잃게 된다고 하는 것이다.

※ 수유반조승각전공(須臾返照勝却前空) : 잠시라도 망념(妄念)의 근원을 관조할 줄 안다고 하는 것은 망념(妄念)이 일어난 사실을 자각할 줄 아는 것을 말한다.

현지(玄旨)를 체득하여 실천하면 바른 수행자로 살게 되지만 경계를 따라 마음을 비우라고 하는 가르침으로 수행하면 모든 대상경계가 다할 날이 없게 되므로 자신을 반조(返照)하는 수행자로 살아가기를 바라는 것이다.

마음을 비워야 한다고 하는 것은 망념(妄念)을 자각하여 진여의 지혜를 체득하여야 한다고 하는 것이지 무정물(無情

物)처럼 살아가라고 하는 것은 아니다.

무정물(無情物)처럼 되어야 한다고 하는 것이나 마음을 비운다는 생각을 가지고 살아가는 것보다는 잠시라도 자신이 관조하는 지혜를 구족하는 것이 훌륭하다는 것이다.

왜냐하면 한번이라도 자신이 자각할 줄 알면 구경에는 진여의 지혜를 구족하여 살아가게 될 것이므로 전공(前空)보다 수승(殊勝)하다고 하는 것이다.

※ 전공전변개유망견(前空轉變皆由妄見) : 망념을 비운다고 하여 비운 것이 전변(轉變)하여 나타난다고 하는 것은 자신에게 정견(正見)이 없기 때문이다.

불법(佛法)에 대한 정견(正見)를 구족하지 못하고 망념을 비운다고 하면 공견(空見)에 빠지게 되어 진여의 지혜로 살아가지 못하게 된다.

그러므로 이것을 모두 망견(妄見, 차별분별, 是非 등) 때문이라고 설(說)하고 있다.

그래서 자신이 자각하여 자신의 지혜를 체득하여야 하는 것이지 비워야 한다는 생각을 가지고 지금의 실상(實相)을 바로 보지 못하면 인연법을 무시하는 망견(妄見)이 된다.

☆ 전공(前空) : 마음을 비워야 공(空)이라는 사실은 알지만 마음을 어떻게 비우는지에 대하여 알지 못하면서 비워야 한다는 사실만 아는 것을 전공(前

空)이라고 함.

※ 불용구진유수식견(不用求真唯須息見) : 오로지 망견(妄見, 차별분별, 是非 등)만 쉬면 대상경계에 대한 망념(妄念)을 비우려고 하지 않아도 진여의 지혜로 수행하게 된다.

중생심으로 진여의 지혜를 구하여 얻으려고 하면 이것이 또 망념(妄念)이 되어 생사(生死)의 윤회를 벗어나지 못하게 되는 것이다.

그래서 공견(空見)에 빠지지 말고 자신의 망념(妄念)을 자각하고 진여의 지혜로 살아가는 수행자가 되기를 간절한 마음으로 바라고 있다.

부처나 진여의 지혜를 구하려고 하는 마음을 쉬지 못하면 자신이 구하려고 하는 부처나 지혜에 자신이 속박되어 헤어나지 못하게 되므로 그 마음을 쉬라고 하는 것이다.

이것 때문에 부처나 조사를 만나면 부처나 조사를 죽이라고 하는 것인데 수행자가 아닌 일반 범부들은 잘 알지 못하여 오해하는 일이 생긴다.

수행자들은 구한다는 마음을 쉬면 한도인(閑道人)이고 진여의 지혜로 살아가게 된다고 설하고 있다.

※ 이견불주신막추심(二見不住慎莫追尋) : 상대적인 차별 분별심을 가지지 말라고 하는 것이며, 또 대상경계의 근원을

중생심으로 추구하여 무엇인가 찾으려고 수행하지 말라는 것이다.

그래서 앞에서도 언급하였지만 향외치구(向外馳求)하면 외도(外道)가 되는 것이고 멍청하게 앉아만 있으면 목석(木石)을 부처라고 하게 된다고 하는 것이다.

일어나는 망념(妄念)을 따라가며 왜 망념이 일어나는가 하고 근원을 찾아다니는 수행이나 이 망념을 없애려고 하는 수행을 여기에서는 이견(二見)이라는 말로 표현한 것이며, 이 이견(二見)에 머물지 말라고 하고 있다.

왜냐하면 망념을 돈오하지 못하면 망념은 대상경계나 의식의 경계를 따라 생기고 생긴 마음을 인식하여 가지고 있다가 다른 생각이 들어오면 그 자리를 넘겨주고 사라지고 또 자신이 인식하여 판단하고 있던 것이 다른 정보에 의하여 판단하는 가치관이 변하여 대상경계에 대한 의식이 변하여 앞에 알고 있던 의식이 사라지는 것을 생주이멸(生住異滅)한다고 한다.

그러므로 자신이 추구하는 마음이 망념이라는 사실을 돈오해야 하고 또 아무것도 하지 않는 것이 한도인(閑道人)이라고 하는 착각도 하지 않아야 한다.

즉 이견(二見)은 유무(有無), 시비(是非), 단견(斷見)과 상견(常見), 선악(善惡) 등의 차별경계에 빠지지 말고 그것의 근원을 공(空)이라고 체득하지만 공견(空見)에 떨어지지 않고 불공(不空)으로 살아가는 한도인(閑道人)이 되어야 한다는 것을 설하고 있다.

이견(二見)으로 불법(佛法)을 체득하려고 하면 공견(空見)에 떨어지게 되므로 이견(二見)에서 벗어나야 한다.

※ 재유시비분연실심(才(纔)有是非紛然失心) : 차별분별을 하는 순간에 바로 어긋나게 되어 자신의 불심(佛心)을 상실하게 된다.

의심즉차(擬心卽差)라고 하듯이 의심하는 순간에 바로 어긋나는 것이므로 자신이 망념(妄念)이라고 아는 순간에 망념(妄念)은 사라진 것이고 지금 바로 자신의 안목을 자각(自覺)해야 불심(佛心)과 어긋나지 않게 된다.

그러므로 불법(佛法)을 체득해야 한도인(閑道人)으로 살아가는 것이라고 말하는 것이다.

※ 이유일유일역막수(二由一有一亦莫守) : 차별분별하는 이유가 고정된 불법(佛法), 불심(佛心), 진여(眞如)본성(本性)이 존재한다고 하는 마음 때문에 차별 분별하는 상대적인 마음이 일어난다고 하는 설명이다.

고정된 마음에 빠지면 차별 분별하는 마음이 생기게 되는 것이기에 그것을 고수(固守)하려고 하지 말라고 하는 것이다.

본심으로 돌아와서 그 불심(佛心)을 고수(固守)하려고 하면 도리어 집착의 대상이 되므로 그것에 머물지 말아야 한다.

※ 일심불생만법무구(一心不生萬法無咎) : 본심(本心)으로 살아가면 되는 것이지만 그 본심(本心)에 집착이 조금이나 남아 있는 것이 두려워 이렇게 자비스럽게도 친절히 일심(一心)불생(不生)이 되어야 한다고 설명하고 있다.

조금의 망념도 생기지 않는다면 자신의 만법(萬法)이 허물이 없게 되는 것이므로 일체의 만법(萬法)이 청정하게 된다.

자신의 만법(萬法)이 공(空)이라는 사실을 정확하게 알면 대상경계의 만법(萬法)은 원래부터 청정하다는 것을 깨닫게 되어 자신이 진여의 지혜로 살아가는 것을 망념(妄念)이 없는 한도인으로 살아간다고 하는 것이다.

※ 무구무법불생불심(無咎無法不生不心) : 어디에도 허물이 없게 되어 무법(無法)이 되어야만 만법(萬法)이 청정하게 되고 중생심의 망견을 쉬게 된다고 하는 것이다.

차별분별이 없어 청정한 지혜를 구족하게 되는 것을 무법(無法)이라고 하는 것이며 또 자신이 정법(正法)으로 불국토에서 살아가는 것이니 어디에도 허물이나 망념(妄念), 망심(妄心)이 없는 것이다.

무법(無法, 無生, 空)이나 정법(正法)에는 털끝만큼의 의심(擬心)이 없는 청정한 것이므로 진여의 지혜라고 한 것이고 여기에서 『신심명』의 모든 것을 다 설명한 것이 된다.

7. 경계지성(境界之性)

能隨境滅境逐能沈, 境由能境能由境能, 欲知兩段元是一空.
一空同兩齊含萬象, 不見精麤寧有偏黨.
(能隨境滅, 境逐能沈, 境由能境, 能由境能, 欲知兩段, 元
是一空.
一空同兩, 齊含萬像, 不見精麤[4], 寧有偏[5]黨.)

[번역] 1

능견(能見)은 육경(六境)이 사라지면 없어지고
육진(六塵)도 능견(能見)에 따라 소멸되는 것은
육진(六塵)은 능견(能見)으로 말미암아 육진(六塵)이라고 하
는 것이며
능견(能見)도 육진(六塵)으로 말미암아 능견(能見)이 되니
능견(能見)과 육진(六塵)을 정확하게 알고자하면
원래부터 공(空)이라는 것을 알아야 하네.
원래부터 공(空)하면 육진(六塵)과 능견(能見)이 모두 동일하
여

---

4) 麤＝粗 (甲)
5) 偏＝徧 (甲)

삼라만상을 모두 공(空)으로 포용하니

(한도인은) 세밀하고 거칠다고 하는 차별분별의 견해(見解)가 없는데

어찌 육진(六塵)과 능견(能見)으로 치우친 견해(見解)가 있겠는가?

【번역】 2

망념이 있다고 생각하는 자신의 능견(能見)은 대상경계를 청정하게 파악하면 망념은 사라지니

대상경계는 자신의 마음이 불심(佛心)으로 청정하게 되면 망념은 사라져 청정하고

대상경계는 자신의 능견(能見)으로 말미암아 존재하는 것이며

능견(能見)이라는 것도 대상경계로 말미암아 능견(能見)이 되는 것이니

이 양단(대상경계와 능견)의 근원을 알고자 하면

본래부터 청정한 공(空)인 진여의 지혜로 살면 되네.

 * (본래부터 모두가 청정한 것이네)

진여의 지혜로 생활하면 능소(能所)가 모두 청정하여

삼라만상을 모두 청정하게 대하게 되니

정밀하고 조잡하다는 차별의 견해가 없는데
어찌 치우친 견해가 있을 수 있겠는가?

【해설】

※ 능수경멸경축능침(能隨境滅境逐能沈) : 능견(能見)이 대
상경계를 따르면서 미혹하면 중생으로 살게 되지만 능견(能
見)이 대상경계에 따라 계속해서 사라진다는 사실을 자각(自
覺)하여 집착하지 않고 분별심을 내지 않으면 대상경계에
대한 망념은 사라지게 된다.

　대상경계를 중생심의 능견(能見)으로 집착하면 대상경계
가 차별심으로 생겨나는 것이고 중생심의 마음으로 집착하지
않으면 대상경계가 청정해 진다.

　여기에 사족을 붙일 필요가 없지만 사족을 붙인다면 자신의
마음이 공(空)이 되지 못하기에 대상경계에 망념이 있게 되는
것이다.

　즉 자신의 만법이 청정한 공(空)이라면 대상경계가 모두
자신의 만법이 되는 것이기에 만법일여(萬法一如)라고 하는
것이므로 사라질 마음과 경계가 없다.

　정념(正念)이 되지 않고 망념의 대상경계는 중생심으로
아는 경계와 마음이므로 경계를 따라 망념이 생기고 망념이

사라지는 것이기에 경계와 마음이 사라진다고 한다.

일반적으로 주관적인 마음은 객관적인 대상경계가 있으면 생기고 대상경계가 없으면 사라지는 것이므로 보지 않고 듣지 않으면 사라지므로 세월이 약이라고 말하는데 이것은 누군가 가 다시 과거를 제시하면 다시 생멸하게 된다.

그러므로 이것은 불법(佛法)이라고 보기보다는 생주이멸 (生住異滅)하는 도리(道理)이니 대상경계와 자신의 마음이 공(空)이라는 사실을 돈오(頓悟)하지 않으면 언젠가는 튀어 나오기 때문에 일시적으로 잡초를 돌로 눌러놓은 것과 같은 것이라고 한다.

※ 경유능경능유경능(境由能境能由境能) : 대상경계는 자신 의 마음으로 인하여 대상경계가 존재하는 것이므로 자신의 마음은 대상경계로 말미암아 있게 된다고 하는 것이 성립된다.

마음을 내지 않으면 대상경계는 존재하지 않는 것이기에 만법도 마음에 있는 것이라는 사실을 설명하고 있다.

앞에 설명하였듯이 대상경계가 변하지 않았는데도 자신의 마음에 따라 대상경계가 변한다는 사실을 자각하고 나면 대상 경계는 항상 청정하게 지금 실제로 존재하고 있다는 사실을 깨닫게 되는 것이다.

이것은 자신의 마음만 청정하게 되면 대상경계는 항상 청정 한 것이 되므로 자신의 망심(妄心)을 관조(觀照)하라고 하여

『반야심경』에도 "오온개공(五蘊皆空)"이라고 하고 있다.

또 사족을 붙이면 경계가 없어야 수행할 수 있다고 하여 인적(人跡)없는 깊은 산속이나 물속에서 수행하고 살아야 한다고 하면 이것은 부처를 배반하는 외도가 된다.

부처는 진흙탕 속에서 연꽃이 피어야 되는 것이라고 설명하기 위하여 연꽃을 방편의 비유로 설한 것이고 수행(修行)은 자신의 마음을 본성으로 돌이키라고 수행이라고 한 것이지 고행(苦行)을 수행이라고 한 것은 아니다.

마음을 본성으로 돌이키라고 하는 것은 대상경계를 청정하게 자각(自覺)하게 하려고 본성으로 돌이키라고 한 것이므로 세존은 팔정도(八正道)를 설한 것이라고 볼 수 있다.

※ 욕지양단원시일공(欲知兩段元是一空) : 능견(能見)과 대상경계의 관계를 정확하게 알려고 하면 원래부터 공(空)이라는 사실을 돈오해야 한다는 것이다.

그러므로 이것은 자신의 본성을 찾는 것과 같은 말인데 마음에 대상경계가 생기는 것이 경계가 먼저 있기 때문인가 아니면 마음이 먼저 있기 때문인가라는 질문과 같은 내용인데, 즉 마음이 있어야 경계가 있는 것인가 아니면 경계가 있기 때문에 마음이 생기는가라고 하는 이것은 마음과 경계가 둘 다 없으면 이루어지지 않는 문제이다.

여기에서는 마음은 대상경계가 있어야만 인식을 하는 것이므로 의식의 대상경계가 없으면 마음에 인식한다는 것은 불가능한 것이므로 마음과 대상경계는 항상 반려자인 짝으로 존재하는 것이다.

그런데 여기에서 그 근원을 알고자 하는 것은 대상경계를 자신이 중생심으로 인식하므로 불심(佛心)으로 인식하는 방법을 공(空)이라고 제시한 것이다.

여기에서는 원래부터 모두가 공(空)인데 탐진치에 물들어서 중생심으로 대상경계를 인식하여 망념이 되어 다시 그 망념을 버린다고 하는 것을 돈오(頓悟)해야 한다.

그러므로 처음부터 모두가 공(空)으로 절대 청정한 것이라고 하는 것을 자각하게 되면 마음도 청정한 공(空)이 되고 대상경계도 청정한 공(空)이 되어 삼매의 경지에서 팔정도(八正道)를 실천하게 되는 것을 공(空)을 실천한다고 하는 것이다.

※ 일공동량제함만상(一空同兩齊含萬象) : 처음부터 모두가 청정하기 때문에 대상경계인 육진(六塵)이 청정한 것이고, 또 자신의 능견(能見)이 정견(正見)이 되니 육진(六塵)과 능견(能見)이 일행삼매(一行三昧)가 되는 것이다.

일행삼매(一行三昧)가 되니 삼라만상(森羅萬象)이 모두 공(空)이 되어 만법일여(萬法一如)의 경지가 된다.

☆ 일공(一空) : 모든 법은 모두 자성이 없는 것을 말함. 일(一)은 원래,
   본래, 진여, 일여를 말함.

※ 불견정추영유편당(不見精麤寧有偏黨) : 만법일여(萬法一
如)의 경지에서는 일체의 차별분별이 없어야하기 때문에 치우
친 견해가 있다고 하면 만법일여(萬法一如)가 되지 않는다.
   원래는 차별분별이 없는 것인데 탐진치(貪瞋癡)에 의하여
생기는 것이나 본래로 돌아와 본성(本性)으로 살아가면 정추
(精麤, 精麤)가 없기 때문에 불법(佛法)에 맞게 진여의 지혜로
살아가게 된다고 하는 것이다.

☆ 정추(精麤) : 차별, 분별하는 마음. 섬세하고 지식적으로 교묘한 마음이나
   일반적인 마음을 상대적으로 나타내는 것. 본성이나 공(空)에서는 진여의
   지혜로 살아가므로 차별상이 없어서 어디에도 치우치지 않는다는 것.

8. 의심즉차(擬心卽差)

大道體寬無易無難, 小見狐疑轉急轉遲. 執之失度必入邪路,
放之自然體無去住. 任性合道逍遙絕惱, 繫念乖真昏沈不好.
(大道體寬, 無易無難, 小見狐疑, 轉急轉遲. 執之失度, 心
入邪路, 放之自然, 體無去住. 任性合道, 逍遙絶惱, 繫念乖
眞, 沈惛6)不好.)

[번역] 1

대도(大道)의 본체는 아주 위대하여
쉽고 어렵다는 중생심이 없는데
좁은 소견으로 여우처럼 약삭빠르게 의심을 하고
대도(大道)에 도달하려고 서두르면 도리어 더 늦어지네.
자신의 소견으로 집착하면 불법(佛法)의 지혜를 잃고
반드시 사도(邪道)가 되니
집착하는 그 마음을 놓으면 자연히 이루어지며
대도(大道)의 본체로 살게 되어 망념이 가고 오는데 집착이
없네.
본성으로 살면 대도(大道)와 계합하니

---

6) 沈惛 = 昏沈 (甲)

(한도인은) 유유자적하여도 번뇌 망념이 없고
망념을 가지고 수행하면 진여 본성과 어긋나게 되며
혼침(昏沈)으로 수행하면 더더욱 대도와는 어긋나네.

【번역】 2

위대한 진여의 지혜로 생활하여 어디에서나 상응(相應)하면
항상 변하지 않고 어려움 없이 생활하게 되지만
좁은 견해로 약삭빠르게 괴상한 방법으로 대도를 이루려 하며
빨리하려고 서두르면 서두를수록 대도와는 더욱더 멀어지네.
집착하여 구하려고 하면 법도(法度)를 상실하게 되어
중생심으로 삿된 일을 겪게 되는 것이니
그 마음을 놓으면 자연스럽게 여시하게 되어
진여의 지혜로 생활하게 되니 어디에서도 청정하게 되네.
진여 본성으로 자유자재하게 생활하면 도(道)와 계합하여 진
여의 지혜로 살아가게 되어
어디에도 걸림 없이 유유자적하게 생활하여 번뇌 망념은 없는
데
도(道)를 성취하려는 생각을 가지고 수행을 하면 진여본성과
는 어긋나게 되고
무명(無明)으로 미혹(昏沈)하여 중생심으로 살아가면 더더욱

도(道)와는 어긋나네.

* (진여의 지혜로 생활하지 못하게 되네)

【해설】

※ 대도체관무이무난(大道體寬無易無難) : 대도(大道)는 진
여의 지혜로 아주 청정하게 생활하는 것을 말하는 것이므로
아주 위대한 것이어서 본체를 크고 넓다고 말한다.

이것은 어디에서나 상응(相應)하는 것으로 만법일여(萬法
一如)가 되어야 언제 어디에서나 불국토에서 살게 된다.

여기에서 체(體)라고 하는 것은 공(空)을 의미하므로 불법
(佛法)의 근본을 말하는 것이기에 불공(不空)으로 살아가면
중생심은 어디에도 붙을 수 없게 된다.

그러므로 쉽고 어렵다는 차별분별심이 조금도 없이 지금
자신이 견문각지(見聞覺知)하는 그 사람이 바로 한도인(閑道
人)이라는 진실을 드러내어 놓은 것이다.

☆ 대도(大道) : 지도(至道)와 같음. 진여의 지혜로 청정하게 생활하는 것.

※ 소견호의전급전지(小見狐疑轉急轉遲) : 조금이라도 중생
심의 좁은 견해로 여우처럼 자신만 이룩하려고 하면 외도(外

80

道)나 철학자로 타락하기 쉽기 때문에 향외치구(向外馳求)하지 않기를 바란 것이고, 또 자신만 아는 괴상한 방법으로 성취하려고 하면 이승(二乘)이나 삼승(三乘)에서 일승(一乘)으로 헤어 나오지 못하게 된다.

그러므로 마음이 급하여 빨리 가고자 수레만 때리는 것이 되어 더욱더 늦어진다고 하는 것이다.

탐진치(貪瞋癡)를 가지고 지식으로 불법(佛法)을 깨달으려고 하여 중생심으로 계정혜(戒定慧)를 아는 소승(小乘)의 견해를 소견(小見)이라고 하는 것이고, 이 소견(小見)으로 대승(大乘)을 따라가려고 하는 마음을 호의(狐疑)라고 하는 것이기에 속담에 뱁새가 황새를 따라가려고 하는 경우와 같이 이루어지지 않는 것을 억지로 이루려고 하다 보면 더욱더 늦어지게 된다.

소승(小乘)의 견해(見解)로 너무나 계율이나 수행을 잘하여서 잘한다는 생각도 사라지는 경지가 되어야 대승(大乘)의 진여지혜가 몰종적(沒蹤跡)으로 되는 것이므로 마음을 내는 것이 더 방해가 되는 것이기에 소승(小乘)을 버리지 않고 무심(無心)하게 불공(不空)으로 살아가야 한다.

처음부터 원래의 자신을 버리고 중생심으로 자신을 찾으려고 하여 자신이 그 사람이라는 것을 인정하지 않고, 외부에 있는 부처가 되기를 구하고 있으니 소견(小見)을 가진 여우와 같다고 하는 것이고 영원히 찾기 어렵다고 하는 것이다.

※ 집지실도필입사로(執之失度必入邪路) : 마음만 급하여 빨리 도(道)를 이룩하려고 자신의 망견(妄見)을 정견(正見)이라고 착각하여 집착하게 되면, 자신의 불법(佛法)을 상실하게 되어 자신을 제도(濟度)할 수 없게 된다.

그러므로 자신이 자신을 불법(佛法)으로 제도(濟度)하지 못하게 되면 반드시 사도(邪道)의 길을 가게 된다.

여기에서 수행자들에게 불법(佛法)을 정확하게 알지 못하면서 수행을 하면 외도(外道)가 된다고 하는 것이므로 수행자들은 명심해야 한다고 설하고 있다.

의심즉차(擬心卽差)나 동념즉괴(動念卽乖)라고 하는 말은 자신이 마음으로 무엇을 생각하면 바로 어긋난다는 것인데 무념(無念)이나 무상(無相)과 무주(無住)를 목석(木石)과 같이 되어야 한다고 착각하는 어리석은 수행자들은 없겠지만 잘못알고 불법(佛法)이 아주 멀리에 있다고 하여 사람들을 현혹시키지는 말아야 한다.

이렇게 쉽고도 쉬운 것을 평생 동안 사람들만 끌고 다니는 우두머리 노릇만 하고 싶은 이들은 비공(鼻孔, 佛法, 本心)을 가지고도 중생들의 일생을 헛되이 보내게 한다면 반드시 외도(外道)라고 설하고 있다.

지금 바로 정념(正念)으로 살아가야 한다고 하면 바로 정념(正念)이 무엇인지 시비(是非)를 하지 말고 한도인(閑道人)으로 살아가면 된다.

※ 방지자연체무거주(放之自然體無去住) : 자신이 집착하는 중생심의 망견(妄見)을 분명하게 알고 놓기만 하면 자연스럽게 진여의 지혜로 생활하게 되므로 언제 어디에서나 상응(相應)하게 되어 평등한 자유인으로 살아가게 된다.

진정한 수행자는 내려놓을 것도 없이 자연스럽게 한도인(閑道人)이 되어 어디에서 무슨 일을 하든 좌도량(坐道場)에서 살아가는 사람이다.

☆ 무거주(無去住) : 무소주(無所住)나 무소유(無所有)와 같은 뜻이고 진여(眞如)자성(自性)에는 일체의 차별이 없는 것.

※ 임성합도소요절뇌(任性合道逍遙絕惱) : 망견(妄見)을 내려놓고 불법(佛法)에 맞게 진여 본성(本性, 佛性)으로 임운자재하게 살아가면 자연히 한도인(閑道人)으로 살아가는 것이고, 또 한도인(閑道人)으로 진여의 지혜로 유유자적하게 생활하면 번뇌망념이 어디에 붙을 수 있겠는가?

즉 경계지성(境界之性)이 되어 자신이 진여의 지혜로 살아가는 지도(至道)의 경지가 되어야 한다고 하는 것이다.

☆ 임성(任性) : 본성으로 임운자재(任運自在)하게 살아가는 것을 도(道)와 계합한다고 한다.

※ 계념괴진혼침불호(繫念乖真昏沈不好) : 한도인(閑道人)이라는 생각이 조금이라도 생기면 진여본성과는 어긋나게 된다.

그래서 자신이 자신을 속이지 않아야 한다고 다시 강조하는 것으로 불법(佛法)을 체득해야 한다는 것이 이것이다.

혼침(昏沈)으로 수행하면 교학(敎學)의 가르침에 따라 자기 마음의 근원을 구하여 얻으려고 하면서도 불법(佛法)을 대상으로 알고 찾으려고 하니 자신의 지혜를 상실하게 되어 이루지 못한다고 한다.

즉 무명(無明)으로 자신이 지혜를 상실하게 되는 경우를 걱정하여 혼침(昏沈)으로 수행하는 것은 잘못된 것이라고 하고 있다.

망념(妄念)에 속박된 것을 자각하여 정념(正念)으로 살아가지 않으면 무명(無明)에 빠져서 불법(佛法)과는 어긋난 외도(外道)가 되는 것이고 진여의 지혜로 살아가지 못하게 된다고 하고 있다.

☆ 계념(繫念) : 망념(妄念)에 속박된 것. 정념(正念)에도 집착하면 진여본성과 어긋난다.

☆ 혼침(昏沈) : 탐진치(貪瞋癡)를 가지고 수행하는 것을 말하며 또 무명(無明)이나 무기공(無記空)에 떨어진 것.

9. 정토와 예토

不好勞神何用疎親, 欲取一乘勿惡六塵. 　疎

六塵不惡還同正覺, 智者無為愚人自縛, 法無異法妄自愛著,

將心用心豈非大錯.

(不好勞神, 何用疎親, 欲趣一乘, 勿惡六塵.

六塵不惡, 還同正覺, 智者無爲, 愚人自縛.

法無異法, 妄自愛著, 將心用心, 豈非大錯.)

【번역】 1

바르게 수행하지 않으면 신령한 자신만 피로하게 하니

친소(親疎)를 알아도 어떻게 사용할 수 있으며

일승의 경지를 체득하고자 하면

육진경계를 모두 싫어하지 않아야 하네.

육진경계를 싫어하지 않으면

도리어 정각을 이루고

지혜로운 한도인(閑道人)은 무위법(無爲法)의 세계에 살지만

어리석은 이는 대상의 육진(六塵)이 자신을 속박하고

만법(萬法)은 다른 법이 없는데

대상경계의 육진(六塵, 萬法)을 망심으로 자신이 애착을 하니

중생심으로 대도(大道)를 이루려고 수행하는 것은
아주 잘못된 일이 아니겠는가?

【번역】 2

진여의 지혜로 생활하지 못하면 마음만 피로하게 하는데
친소(親疎)를 알아도 부처나 중생으로서 어떻게 생활하겠는
가?
만약 일승의 경지로 나아가 진여의 지혜로 생활하고자 하면
육진(六塵)의 경계를 미워하지 않아야 하네.
* (육진(六塵)이 청정함을 자각해야하네.)
육진(六塵)의 경계를 미워하지 않으면
도리어 정각(正覺)을 이루게 되어
진여의 지혜로 사는 사람은 무위(無爲)의 불국토에서 살고
어리석은 중생들은 육진(六塵)의 번뇌망념으로 자신을 속박
하네.
불법(佛法, 萬法)은 특별한 법(法)이 없는데
망념으로 자신들의 만법(萬法)만 특별하다고 애착을 하면
중생심으로 진여의 지혜로 생활한다고 하는 것이니
어찌 아주 잘못된 것이 아니겠는가?
* (아주 잘못된 일이다.)

※ 불호노신하용소친(不好勞神何用疎親) : 계념(繫念)이나 혼침(昏沈)으로 수행하면 신령한 자신의 마음만 피곤하게 하는 것이므로, 바른 수행을 하지 못하면 친소(親疎)가 무엇인지 알아도 불법(佛法)에 맞게 실천하지 못한다고 하는 것이다.

즉 어떻게 하면 부처로 한도인(閑道人)으로 살아가는지 생각으로는 알지라도 실천하기는 어려운 것이므로 언어도단(言語道斷)이라고 했고 의심즉차(擬心卽差)라고 했듯이 중생심으로는 아무것도 할 수 없다는 것이 된다.

자신이 자신을 찾지 못하는 것을 두고, 소를 타고 소를 찾는다고 하는 것이고, 또 연약달다(演若達多, 演若多)가 자신의 머리를 잃어버리고 자신의 머리를 찾는다고 하는 것이므로, 소나 자신의 머리를 찾는 일을 중생심으로는 아무리 하여도 헛된 일이기에 자신을 찾지 못하게 된다.

그래서 이것을 중생심의 지식인 알음알이로 하는 일이라고 하는 것이기에 불법(佛法)이 무엇인지 안다고 하여도 사용하지 못한다는 것을 설명하고 있다.

자신이 진여의 지혜로 살아가지 못한다면 올바른 수행자가 되지 못한다는 것은 명백한 것이다.

☆ 소친(疎親) : 친소(親疎)는 불법(佛法)과 상응하는 것과 상응하지 못하는 것을 말한다. 그러나 자신이 불법(佛法)을 대상으로 알고 탐진치(貪瞋癡)에 물들어 혼침이나 무명에 물들어 있으면 자신의 마음만 피로하다고 하는 것이다. 불법(佛法)을 자신이 직접 친견(親見)하면 차별분별에 떨어지지(疎) 않게 되는 것이나 지식이나 대상으로 알고 있으면(疎) 어긋나게 된다.

※ 욕취일승물악육진(欲取一乘勿惡六塵) : 계념(繫念)이나 혼침에서 벗어나 일승(一乘)으로 살아가고자 하면 반드시 육진(六塵)의 경계를 청정하게 자각해야 한다.

육근(六根)이 청정하다는 것을 자각하면 육진(六塵)도 청정하게 되는 것을 돈오(頓悟)하고, 육식(六識)이 청정하여 일승(一乘)의 경지에서 자유자재하게 살아가기를 바라고 있다.

일승(一乘)은 불성(佛性)을 말하는 것으로 일불승(一佛乘)이나 일승법(一乘法)이라는 뜻으로 "一切眾生悉有佛性"[7] 이라는 사실을 깨달아 체득하려고 하면 아공(我空)과 법공(法空)이 되어야 한다.

한도인(閑道人)으로 살아가려고 하면 대상경계를 좋아하고 싫어하지 말고 자신의 만법(萬法)이 공(空)이 되지 않으면

---

7) 『大般涅槃經』 卷25「師子吼菩薩品」 23(『大正藏』12, 769쪽. 상26.) : 「一切眾生悉有佛性」
『大般涅槃經』 卷25「師子吼菩薩品」 23(『大正藏』12, 769쪽. 상27.) : 「一切眾生悉有一乘」

될 수 없다고 하는 것이다.

※ 육진불악환동정각(六塵不惡還同正覺) : 육진(六塵)의 경계를 싫어하지 않는다고 하는 것은 만법일여(萬法一如)가 되어 청정하게 되었다는 것을 말한다.

　호악(好惡), 시비(是非), 차별 분별 등에 빠지지 않고 평등한 경지에서 살아가게 되므로 도리어 정각(正覺)을 성취한 한도인(閑道人)으로 살아가게 된다고 설하고 있다.

　자신의 본성(本性)이 공(空)이라는 사실을 자각(自覺)하면 육진(六塵)의 경계가 모두 공(空)이라는 사실을 자각(自覺)하게 되므로 정각(正覺)을 이루게 되는 것이며 자신이 진여의 지혜로 살아가게 된다고 설하는 것이다.

☆ 육진(六塵) : 육근(六根)의 안이비설신의(眼耳鼻舌身意)로 자신이 대상경계를 상대하는 색성향미촉법(色聲香味觸法)을 육진(六塵)이라함.

※ 지자무위우인자박(智者無為愚人自縛) : 진여의 지혜로 살아가는 사람들은 무위법(無為法)을 체득하여 항상 불국토에서 살아가지만 어리석은 사람들은 육진(六塵)으로 자신을 속박하게 되는 것이다.

　즉 진여의 지혜로 살아가는 수행자들은 만법일여(萬法一如)의 경지에서 임운자재(任運自在)하게 언제나 무위(無為)

의 세계에서 자유스럽게 살아가지만, 어리석은 사람들은 육진(六塵)의 경계에 사로잡혀 살면서 육진(六塵)을 벗어나려고 하고 있다.

육진(六塵)경계를 좋고 나쁘다는 차별심으로 깨달음을 추구하는 수행을 해야 한다고 하는 것은, 불법(佛法)의 진실을 정확하게 알지 못하기 때문에 어리석은 사람들은 육진(六塵)경계 때문에 자신이 속박되었다고 하는 것이다.

여기에서 어리석다는 것은 자신이 모자란다거나 우월하다는 마음을 가지고 있으면서 자신을 잃어버리고 탐진치(貪瞋癡)에 물든 사람들을 지칭하는 말이다.

그러나 자신이 가진 탐진치(貪瞋癡)의 중생심을 자신이 돈오(頓悟)하여 계정혜(戒定慧)로 전환하기만 지혜로 살아갈 수 있다.

※ 법무이법망자애저(法無異法妄自愛著) : 불교에서 법(法)이란 인연법을 말하는 것인데 인연(因緣)법(法)은 인(因)과 연(緣)으로 이루어진 것을 법(法)이라고 하며 육진(六塵)경계(境界)를 인식하여 각자가 알고 있는 것을 만법(萬法)이라고 한다.

육진경계를 자기의 중생심으로 인식하기 때문에 차별 분별심을 일으키는 것이지 불심(佛心)으로 보면 모두가 청정하게 되므로 특별한 법(法)이 없는 것이다.

대상경계를 중생심으로 알고 천차만별의 생각을 하며 자기
만의 특별한 생각을 애착하여 특별하다고 집착하며 오랜 세월
을 보내면서 수행해야 한다고 하면 종교인이라고 할 수 없다.

모든 사람들이 공유(共有)할 수 없으면 종교가 될 수 없는
것이고, 신앙화가 되어 소수의 사람들만 소유하여야 한다고
하면 독재로 타락할 수도 있게 되는 것이다.

종교라는 것은 누구에게나 평등해야 행복하게 살아갈 수
있게 되는 것이고 성자(聖者)의 가르침이 되는 것이지, 그렇지
않으면 석가모니가 다시 환생하기를 기원해야 한다.

법(法)을 특별한 법이 없다고 말하는 것은 『신심명(信心
銘)』의 첫 부분에서 말하고 있듯이 "지도무난유혐간택 단막증
애통연명백(至道無難唯嫌揀擇,　但莫憎愛洞然明白)"에서
"누구나 진여의 지혜로 아주 청정하게 살아가는 것이 어렵지
않다고 하는 것은, 비록 사량분별하며 간택(揀擇)하는 마음을
싫어하여도 없애려고 하지 않고, 단지 자신이 미워하고 좋아
하는 마음을 갖지 않고 이것을 자각(自覺)하여 공(空)으로
청정하게 살아가면, 아주 정확하게 진여의 지혜로 살아가는
한도인(閑道人)이 명백하게 되는 것이네."라고 하고 있듯이
자신이 간택(揀擇)하며 차별 분별하는 것을 싫어하여도 없애
려고 하지 않으면서 그것을 좋아하고 미워하는 마음을 표출하
지 않고, 자신이 간택(揀擇)하고 증애(憎愛)한다는 사실을
자각하여 공(空)으로 전환할 수 있으면 애착(愛着)하지 않게

된다.

즉 망령되이 집착(執着)하기 때문에 "만약에 털끝만큼이라도 차별 분별하는 증애(憎愛)의 마음이 있게 되면 진여의 지혜로 생활하는 것과는 아주 어긋나게 된다."고 한 것이다.

그러므로 미워하고 좋아하는 마음이 생기는 것을 차단하려고 하지 말고, 자신이 미워하고 좋아한다는 사실을 자신이 알아야 하는데, 이렇게 하지 않고 계속하여 미워하고 좋아하는 마음을 연결하려고 하여 계속하여 윤회하게 된다.

자각(自覺)하는 것이 중요한 이유가 이것이므로 돈오(頓悟)해야 하고 깨달아야 한다고 강조하는 것이다.

돈오(頓悟)나 깨닫는다고 하는 것은 자신의 그 마음을 자신이 불법(佛法)에 맞게 정확하게 아는 것을 지혜라고 하는데 이 지혜를 청정하게 불법(佛法)에 맞게 살아가는 것을 진여의 지혜로 살아간다고 한다.

※ 장심용심기비대착(將心用心豈非大錯) : 중생심으로 특별한 법이 있다거나 특별한 깨달음이 있다고 하면서 신앙심을 부추겨 바른길로 인도하지 않는다고 하면 기어(綺語)를 하게 된다.

중생심과 불심(佛心)을 판단하지 못하면서 수행한다고 하면 자신의 마음에서 자신의 마음을 찾는 것이니 소를 타고 소를 찾는다고 하는 말이므로 아주 잘못된 수행을 하고 있다고 경책하는 것이다.

10. 짐작(斟酌)

迷生寂亂悟無好惡, 一切二邊良由斟酌.
夢幻虛華何勞把捉, 得失是非一時放却.
(迷生寂亂, 悟無好惡, 一切二邊, 妄自斟酌.
夢幻空華, 何勞把捉, 得失是非, 一時放却.)

미혹하면 적정하고 산란하다는 생각이 생기고
깨달으면 좋고 나쁨이 없는 것이며
일체를 양변으로 보는 것은
오로지 자신이 짐작하기 때문이네.
탐진치(貪瞋癡)는 꿈속의 환상과 허공에 핀 꽃과 같고
그것을 잡아서 가지려고 고행을 하는데
얻고 얻지 못하였다고 하며 옳고 틀렸다고 하는 탐진치(貪瞋癡)의 마음을
도리어 모두 놓아야 한도인(閑道人)이네.

【번역】 2

중생심의 미혹을 깨달으면 열반적정이고 깨닫지 못하면
중생심으로 어지럽다는 마음이 생기는 것이고
자신이 진여의 지혜로 생활하면 좋아하고 미워하는 마음이
없게 되니
일체의 만법(萬法)을 자신이 중생심의 양변으로만 아는 것은
진실로 자신이 중생심으로 짐작(斟酌)하여 아는 것 때문이네.
중생들은 꿈속에서 환상인 번뇌망념을 진실인 것으로 알고
어떻게 애써 피곤하게 파악하여 잡으려고 하는 것은
깨닫고 깨닫지 못하였다고 시비(是非)하는 마음 때문이니
이 마음을 모두 멈추고 방행(放行)하여야하네.

【해설】

※ 미생적란오무호악(迷生寂亂悟無好惡) : 미혹하면 만법(萬
法)을 중생심으로 알고 적정하고 산란하다는 마음이 생기는
것이지만, 이 마음을 불심(佛心)으로 자각하여 만법일여(萬法
一如)가 되는 사실을 알게 되면 이것이 좋고 나쁘다는 것이
사라지게 된다.

　그러므로 열반적정을 추구하지도 않게 되고 산란한 시장에

살아도 항상 진여의 지혜로 살아갈 수 있게 되는 것이다.

미혹(迷惑)하다고 하는 것은 불법(佛法)을 대상으로 아는 것이고, 또 열반적정도 대상으로 알고는 산란한 마음을 고요하게 하여 깨달아야 한다고 하는 것이다.

자신도 깨달아야 한다고 하면서 불법(佛法)을 다른 사람들에게도 깨닫는 방법이라고 어려운 문자나 학문 등을 가르치면서 자신도 미혹하면서 실천하지 않는다는 것을 두고 불법(佛法)을 대상으로 안다고 한다.

깨달았다고 하는 것은 자신이 차별 분별하는 마음이 공(空)이라는 사실을 자각(自覺)하여 정확하게 알고 불법(佛法)을 자신이 직접 사용하여 실천하는 것을 말한다.

불법(佛法)을 자신의 지혜로 사용하게 되므로 호악(好惡)을 공(空)으로 알고 공(空)을 실천하여 한도인(閑道人)으로 살아가므로 호악(好惡)이라는 말도 없게 되는 것을 말한다.

※ 일체이변량유짐작(一切二邊良由斟酌) : 일체의 만법(萬法)을 적정과 산란으로 알고 있는 차별적인 견해는 공(空)을 알지 못하기 때문에 매사를 탐진치를 가진 중생심으로 알고 있기 때문이다.

중생심으로 판단을 하게 되면 자신이 주관적으로 아는 것이기에 짐작하여 판단을 하는 것이 되어 매사를 차별적인 견해로 알게 되는 것이다.

일체의 차별분별은 불법(佛法)을 대상으로 아는 유위법의 경계인데 이것은 자신이 사상(四相; 我相, 人相, 衆生相, 壽者相)이 있기 때문에 공(空)을 실천하지 못하게 된다.

그러므로 경(經)에서도 불법(佛法)은 무위법(無爲法)을 실천하여야 하는 것이므로 무아(無我), 무인(無人), 무중생(無衆生), 무수자(無壽者)라고 하고 있다.

☆ 짐작(斟酌) : 자신의 중생심으로 하는 것이나 자기가 추측하는 것. 자신의 본성을 알지 못하고 행하는 것.

※ 몽환허화하로파착(夢幻虛華何勞把捉) : 중생심의 욕망은 모두 꿈과 같은 환상인데도 진실인 것처럼 보이므로 벌이 꿀을 모으지만 누구를 위하여 모으는지 모르는 것과 같다.

그리하여 여기에서 중생들은 꿀의 단맛에 빠져 꿀의 주인이 누구인지 모르고 꿀만 많으면 최고의 인생을 살아가는 줄 알고 꿀에만 집착을 하고 살아가는 것에서 자유롭기를 바라고 있는 것이다.

불법(佛法)이나 만법(萬法)이라고 하는 말들을 정확하게 알지 못하고, 탐진치(貪瞋癡)를 가진 중생심으로 추구하거나 아는 모든 것들이 꿈이고 환화(幻化)라는 사실을 알지 못하고, 일생동안 불법을 대상(對相)으로 찾으려고 하는 것은, 자신을 잊고 방황하며 허송세월을 보낸다고 한다.

※ 득실시비일시방각(得失是非一時放却) : 중생심으로 많이 가지고 많이 아는 것이 옳은 것이라는 생각과 깨달음을 얻었다거나 얻지 못했다는 생각에서 벗어나야 한다.

그러므로 옳고 그르다는 마음이 전혀 없어야 꿀을 모은다는 집착을 일시에 벗어나게 되어 비로소 자유스럽게 살아갈 수 있다.

유위법(有爲法)으로는 아무것도 할 수 없으니 지금 자신이 바로 내려놓고 무위법(無爲法)으로 공(空)을 실천하면 한도인(閑道人)으로 살아갈 수 있다.

11. 만연구절(萬緣俱絶)

眼若不睡諸夢自除, 心若不異萬法一如.

一如體玄兀爾忘緣, 萬法齊觀歸復自然, 泯其所以不可方比.

(眼若不眠[8]), 諸夢自除, 心若不異, 萬法一如.

一如體玄, 兀爾忘緣, 萬法齊觀, 復歸自然, 泯其所以, 不可方
比.)

〔번역〕1

안목에 미혹함이 없으면

모든 환상은 저절로 없어지고

마음이 불심(佛心)으로 번뇌 망념의 차별분별심이 없으면

일체가 만법일여(萬法一如)의 경지이네.

만법일여의 경지에서 본성으로 현묘하게 되는 것은

만연(萬緣)을 모두 끊었기 때문이고

만법을 청정하게 관조하면

다시 자연스러운 원래로 돌아가니

대상으로 아는 것이 모두 사라지며

비교할 대상이 아무것도 없는 한도인(閑道人)이네.

---

8) 眠＝睡 (甲) 면(眠, 目民)

자신의 안목(眼目)에 졸음으로 인한 미혹함이 없으면
환상인 번뇌 망념은 저절로 모두 제거되고
자신의 마음에 특별히 차별 분별하는 마음이 없으니
자신의 만법(萬法)이 불법(佛法)과 똑같게 되는 것이네.
* (만법일여의 경지가 되네)
자신의 만법(萬法)이 일여(一如)의 경지가 되면 자신이 진여의
지혜로 생활하게 되니
자연히 망념은 없게 되어 중생심으로 차별 분별하는 마음이
사라지고
자신의 만법(萬法)이 청정하여 모든 대상경계의 만법(萬法)을
청정하게 관조하면
다시 자연스럽게 원래의 모습인 진여의 지혜로 살아가게 되니
자신의 만법(萬法)을 의식의 대상으로 알지 않고
무엇과도 비교하여 분별하지 않게 되어 자유자재한 한도인(閑
道人)으로 살게 되네.

※ 안약불수제몽자제(眼若不睡諸夢自除) : 자신의 안목(眼目)이 올바르면 환상이나 꿈은 없는 것이다.

그러므로 자신의 안목(眼目)에 중생심의 탐진치(貪瞋癡)가 있으면 차별 분별하는 것이 있게 되지만 탐진치(貪瞋癡)를 내려놓으면 자연히 해탈(解脫)하여 자유롭게 살아갈 수 있다.

육근(六根, 안이비설신의)이 청정하면 육진(六塵)이 청정하게 되는 것은 육진(六塵)경계가 변하여 청정하게 되는 것이 아니라, 자신의 육근(六根)이 청정하기 때문에 대상경계를 돈오(頓悟)한 육식(六識)이 청정하여 자신의 환상(幻想)이 사라진 것을 말한다.

여기에서 착각하여 불법(佛法)을 잘못 알고, 선(禪)수행은 자리이타(自利利他)가 아니라고 알고 자비와 보살도를 실천하지 않는다면, 자신의 육근(六根)도 청정하지 않게 된다는 것을 알아야 한다.

육근이 청정하여 안목(眼目)이 밝으면 어디에서나 직심(直心)으로 살아가기 때문에 항상 꿈에서 깨어나 보살도를 실천하게 되어 육바라밀을 실천하는 한도인(閑道人)이 된다.

※ 심약불이만법일여(心若不異萬法一如) : 탐진치를 내려놓고 자신의 중생심을 불심(佛心)으로 전환하면 만법일여(萬法

一如)의 경지가 된다고 하는 것이다.

자신의 만법(萬法)과 대상경계의 만법(萬法)이 모두 청정하게 되면 성자나 범부가 동일한 한도인(閑道人)이다.

육근(六根)의 안목(眼目)이 청정하면 진여의 지혜로 육진(六塵)을 청정하게 볼 수 있는 안목(眼目)이 구족되어 육식(六識)이 청정하게 되는 것이다.

즉 육진(六塵)경계를 보는 자신의 안목(眼目)이 청정하여 공(空)이라는 사실을 자각하여 육근(六根)과 육진(六塵)의 본성(本性)이 공(空)이라고 아는 것을 만법일여(萬法一如)라고 하며 경계지성(境界之性)이라고 한다.

마음에 차별 분별하는 것만 없으면 된다고 하고 번뇌 망념만 없으면 어느 누구나 부처로 살아갈 수 있다고 하는 것이 이것이다.

※ 일여체현올이망연(一如體玄兀爾忘緣) : 만법일여(萬法一如)의 경지에서는 본성(本性)의 진여지혜로 생활하게 된다.

이와 같이 진여의 지혜로 생활을 하면 한도인(閑道人)인 것이니 대상경계에 대한 중생심이 없어야 한다는 것을 말하고 있다.

경계에 대하여 차별분별을 하지 않으려면 자신이 중생심으로 가진 기억이나 추억을 모두 초월해야 하는 것이므로 망연(忘緣)이라고 한다.

망연(忘緣)이 되려고 하면 다음 내용인 만법(萬法)을 청정하게 관조해야 하는 것이다.

※ 만법제관귀복자연(萬法齊觀歸復自然) : 자신의 만법(萬法)을 청정하게 관조할 줄 알려면 탐진치(貪瞋癡)를 계정혜(戒定慧)로 전환할 줄 알아야 한다.

  그리하여 자신의 만법(萬法)이 청정해지면 실제로 대상경계에 대한 만법(萬法)이 일여(一如)가 되는 것을 원래로 돌아간다고 하는 것이고, 자연(自然)스러운 평상심으로 불법(佛法)에 맞게 생활한다고 하는 것이다.

  즉 수행(修行)을 만법제관(萬法齊觀)이라고 정확하게 설명한 것은, 자신이 자신의 육근(六根)을 청정하게 하고 대상경계의 육진(六塵)을 청정하게 관조하여 자신의 육식(六識)을 청정하게 하는 것을 수행(修行)이라고 하는 것이며, 일체를 만법일여(萬法一如)의 경지로 하는 것이 수행이다.

  그런 수행을 하여 일여(一如)의 경지가 되면 다시 원래 그대인 한도인으로 자연스럽게 살아가게 된다고 설하고 있다.

※ 민기소이불가방비(泯其所以不可方比) : 평상심으로 불법(佛法)에 맞게 생활한다고 하는 것은 자신의 조작성이 하나도 없는 자유자재한 한도인(閑道人)이 되어야 한다.

  이와 같은 한도인(閑道人)은 언제 어디에서나 항상 자신이 불국토에서 살아가는 것이고, 비교된 행복이 아닌 진정한 행복이기에 부처나 여래라고 하는 것이다.

만법(萬法)이나 만연(萬緣)을 자신의 외부에 있다고 알고 있으면 비교하고 차별 분별하는 근원이 되지만, 만법(萬法)을 내부로 가져와서 보면 모두가 공(空)이 되어 비교할 대상이 없어지게 된다.

12. 한도인(閑道人)

止動無動動止無止, 兩既不成一何有爾.
究竟窮極不存軌則, 契心平等所作俱息.
(止動無動, 動止無止, 兩旣不成, 一何有爾.
究竟窮極, 不9)存軌則, 啓10)心平等, 所作俱息.)

【번역】 1

(중생도) 망념(妄念)을 멈추면 망념은 없지만
(한도인(閑道人)도) 망념을 멈추었다고 생각하면 망념이 없는
것이 아니고
망념(妄念)이 있고 없다는 차별로는 만법일여의 경지에 도달
할 수 없으니
어떻게 한쪽에서 만법일여의 경지를 성취할 수 있겠는가?
구경의 경지에서 살아가는 법은
고정된 법칙이 없는 것이고
만법일여의 경지에 도달하여 마음으로 평등하면
소작(所作)을 모두 멈추어 한도인(閑道人)이 되네.

---

9) 不 = 莫 (甲)
10) 啟 = 契 (甲)

망념을 멈추게 되면 망념은 없게 되지만

망념을 멈추었다는 마음이 나게 되면 망념을 멈춘 것이 아니게
되니

망념이 있고 없다는 생각이 있으면 이 경지에는 도달할 수
없고

여시하게 진여의 지혜로 살아가면 의식의 대상으로 아는 것은
하나도 없어야 하네.

진여의 지혜로 살아가는 것은 구경의 궁극적인 경지에 사는
것이니

* (불국토나 연꽃위에 사는 것)

마음속에 고정된 법칙이 존재하지 않게 되어

자신의 마음이 절대 평등한 경지가 되고

대상으로 알고 조작하는 마음을 모두 쉬게 되어 진여의 지혜로
사네.

[해설]

※ 지동무동동지무지(止動無動動止無止) : 자신의 망념(妄
念)을 자신이 관조(觀照)하여 망념(妄念)을 멈추면 망념(妄

念)이 없게 되어 청정하게 된다.

이와 같은 일을 자신이 억지로 조작하여 만든다고 하면 평상심이 아니고 조작심이 되는 것이다.

그러므로 망념(妄念)이 없게 되었다고 자신이 아는 순간에 어긋나게 된다고 의심즉차(擬心卽差)라고 하는 것이며 망념(妄念)을 멈춘 것이 아니라고 무지(無止)라고 하고 있다.

염기즉각 각지즉무(念起卽覺 覺知卽無)라고 하는 것처럼 자신이 망념이 일어나는 것을 알아차리면 망념은 없게 된다고 하는 것을 잘 알아야 한다.

망념(妄念)이라는 사실을 자각하면 바로 그 망념(妄念)만 없게 된다는 사실을 알고, 또 망념(妄念)이라는 사실을 자각한 것이 자신이라는 사실도 아는 지혜를 구족하여야 한다.

그리고 진여의 지혜를 구족하여야 진정한 한도인(閑道人)이 되어 살아가게 된다.

이것을 두고 불립문자(不立文字), 언어도단(言語道斷), 지도(至道)라고 하는 것이며 또 번뇌 망념은 원래부터 없으므로 무수무증(無修無證)이라고 하는 것이고, 대상경계와 자신이 만법일여(萬法一如)가 되어야 경계지성(境界之性)의 경지에서 자유로운 것이다.

※ 양기불성일하유이(兩既不成一何有爾) : 망념이 있고 없다는 견해를 가지고는 한도인(閑道人)이 될 수 없다고 설명하는

것은 자신이 체득(體得)하지 않고는 이룩할 수 없다고 말하고
있다.

고정된 부처나 조사, 한도인(閑道人)도 존재하지 않는 것인
데 어찌 중생이나 범부가 존재한다고 할 수 있겠는가?

그러므로 자신이 진여의 지혜를 체득하지 않고는 여기에서
아무것도 할 수 없는 무일물(無一物)의 경지이다.

※ 구경궁극부존궤칙(究竟窮極不存軌則) : 한도인(閑道人)이
진여의 지혜로 살아가는 고정된 방법은 없다.

파주(把住)와 방행(放行)을 하지 않으면 외도(外道)가 되는
것이라고 하고 있는 것인데 파주(把住)를 빼고 방행(放行)을
즐기려고 하면 자유(自由)와 방종(放縱)을 구분하지 못하는
속인(俗人)이 되는 것이므로 외도(外道)라고 한다.

자유와 해탈은 불법(佛法)에 맞게 계정혜(戒定慧) 삼학(三
學)으로 자신을 파주(把住)할 줄 알아야 진정한 자유와 해탈을
누릴 수 있는 것이지 중생심의 지식이나 감정으로 누릴 수
있는 것은 없다.

구경(究竟)의 경지인 진여의 지혜로 생활하는 것이 궁극(窮
極)의 경지인 것이므로 자신이 한도인(閑道人)으로 살아가는
것이지 고정된 규칙이나 법칙에 의하여 조작된 삶을 사는
것은 아니다.

즉 자신이 진여의 지혜로 몰종적의 생활을 하는 한도인(閑

道人)이 되어야 하는 것을 강조하고 있다.

※ 계심평등소작구식(契心平等所作俱息) : 자신의 마음이 불법(佛法)과 계합(契合)하면 평등(平等)하게 된다.

　언제 어디에서나 자신이 대상으로 알고 차별분별하며 조작하는 중생심이 모두 사라지게 되어 진여와 삼매가 되는 것이다. 수행자가 진여의 지혜로 살아가면 평등하지 않은 곳이 어디에 있을 것이며 타인의 자유를 해치는 신앙의 강요가 어디에 있을 수 있겠는가?

　그러므로 한도인(閑道人)은 무념(無念)으로 무상(無相)의 삶을 살아가는 무주(無住)의 도인(道人)이 된다.

　사족(蛇足)을 달면 한도인은 조작이나 게으름이 어디에도 있을 수 없으며 또 현대인들이 생각하는 인적 없는 산골에만 한도인(閑道人)이 있다는 편견도 없어야 한다.

　그리고 자신이 전지전능한 한도인이 되어야 한다는 생각과 자신이 타인들보다 우월하다는 생각과 자신만이 할 수 있고 해야 한다는 것으로는 타인들의 고통을 조금도 멈출 수 없는 것인데도 자신이 구원하여 준다고 생각하는 속인들이 있는데 불법(佛法)은 차별이 없고 평등하다는 사실을 잘 알고 착각하지 말아야 한다.

☆ 소작(所作) : 삼업(三業)으로 조작(造作)하는 것. 불법(佛法)을 대상으로 알고 하는 일체의 행위.

13. 자연해탈(自然解脫)

狐疑盡淨正信調直, 一切不留無可記憶.
虛明自照不勞心力, 非思量處識情難測.
(狐疑盡淨, 正信調直, 一切不留, 無可記憶.
虛明自然[11]), 不勞心力,非思量處, 識情難測.)

【번역】 1

여우처럼 의심하는 마음을 모두 청정하게 하면
바른 믿음으로 만법일여(萬法一如)의 경지가 되고
일체의 의심이 하나도 없게 되니
(한도인은) 과거의 기억(記憶)에 의지해서 살지 않네.
자신이 허공처럼 청정하게 관조하며 (한도인으로) 살아가면
억지로 망념을 없애려고 하지 않고
사량 분별을 초월하여 살아가니
중생심으로는 측량하기 어렵네.

---

11) 然＝照 (甲)

자신이 생각하는 모든 의심이 모두 사라져 망념을 청정하게
하면
자신이 정념을 확신하여 망념을 청정하게 전환할 줄 알고
* (돈오(頓悟))
일체의 망념은 하나도 남아 있지 않고
과거의 기억이나 추억으로 살아가지 않네.
청정하게 진여의 지혜로 살아가면 자연스럽게 자유자재하게
살게 되니
조작(造作)하여 성불(成佛)하려고 하지 않고
사량 분별을 하지 않는 곳에 살지만
그 곳을 중생심의 마음으로 측량하기는 어렵네.

[해설]

※ 호의진정정신조직(狐疑盡淨正信調直) : 자신의 마음이 청
정해지고 직심(直心)으로 살아가게 되면 진여의 지혜로 살아
갈 수 있는 것은 자신의 중생심을 돈오(頓悟)하고 무주(無住)
의 삶을 살아가기 때문이다.

　즉 자신의 마음에서 일체의 번뇌 망념이 모두 사라져 청정이

라는 말조차도 나오지 않아야 하는 것을 의심즉차(擬心卽差)
나 동념즉괴(動念卽乖)라고 하고 있는데도, 불법(佛法)을 체
득하여 훈습(薰習)하지는 않으려고 하고, 태어나면서부터나
태어나기 전부터 만들어져 있는 부처나 전지전능한 신이 있다
고 주장하는 신앙에 의하여 자신도 그렇게 되기를 바란다면,
분명히 외도(外道)이다.

자신이 청정하다는 것을 알았으면 청정이라는 옷도 벗어놓
고 모두를 털어내고 지금 있는 그곳이 좌도량(坐道場)이라는
사실을 체득하여 살아가야 된다.

☆ 호의(狐疑) : 조작하는 마음이나 중생심을 말함. 자신이 불법(佛法)을
   확신하지 못하고 살아가는 것을 말한다.
☆ 진정(盡淨) : 중생심이 완전하게 사라진 것. 모든 마음이 불심(佛心)으로
   전환된 것.

※ 일체불류무가기억(一切不留無可記憶) : 일체의 망념(妄
念)을 모두 내려놓으면 목전(目前)의 모두가 청정하게 되어
비교할 대상이 하나도 없게 된다.

일체가 청정하므로 과거의 기억(記憶)으로 현재를 살아가
는 것이 아니고 현재를 진여의 지혜로 살아가야 하는 것이다.

사족(蛇足)을 달면, 언어도단(言語道斷)이니 무슨 말을 할
수 있겠는가? 자신이 가진 탐진치(貪瞋癡)만 내려놓고 더

열심히 보살도를 실천하면 자신도 행복하고 타인도 행복하지 않겠는가? 비교된 행복이 아니라 자신의 절대적인 행복을 자신이 직접 체험해야 한다.

※ 허명자조불로심력(虛明自照不勞心力) : 과거의 기억(記憶)으로 살아가지 않게 되어 공(空)으로 청정하게 자신을 관조하며 살아가면, 부처나 조사, 한도인(閑道人)이 되려고 조작하는 마음이 하나도 없게 된다.

일반적으로 자신이 비교하여 만족하려는 마음이 사라지고 절대적인 행복을 만끽하는 것을 허공(虛空)이나 공(空)이라고 하였다는 것을 자각(自覺)하게 되어야 무수무증(無修無證)이라는 말을 알게 되어 올바른 수행자가 된다.

무수무증(無修無證)이기에 조작된 알음알이는 아무것도 없는 것이고 기억(記憶)이나 추억(追憶)에 빠져 살지 않고 더 잘 활용하며 한도인(閑道人)으로 생활하게 되는 것이다.

※ 비사량처식정난측(非思量處識情難測) : 조작심이 전혀 없는 경지에 살아가는 것은 사량분별을 초월한 경지이므로 중생심으로는 알기 어려운 것이다.

고금(古今)을 통해서 자비심이 없다고 누가 말할 수 있겠는가?

얼마나 간절하였기에 계속하여 중생심으로 측량하지 말라

고 하고 있지 않은가?

비사량(非思量)이라고 하는 것은 중생심이 없는 경지이므로 정심(正心)만이 존재하는 것을 말한다.

무사량(無思量)이 아니고 비사량(非思量)이라고 하는 것은 바로 정심(正心)을 말하는 것이 되어 진여의 지혜라고 할 수 있다.

그러므로 비사량(非思量)하는 주인공이 한도인(閑道人)이 되어 좌도량(坐道場)에서 살게 되는 것이다.

14. 불이법문(不二法門)

真如法界無他無自, 要急相應唯言不二.
不二皆同無不包容, 十方智者皆入此宗, 宗非促延一念萬年.
(真如法界, 無他無自, 要急相應, 唯言不二.
　不二皆同, 無不包容, 十方智者, 皆入此宗, 宗非促延, 一念萬年[12]).

[번역] 1

한도인으로 사는 진여법계에는
자타(自他)라는 차별 분별이 없고
한도인(閑道人)으로 간절히 상응하여 살아가기를 바란다면
오로지 불이(不二)의 경지에서 살아야 한다고 말할 수 있네.
불이(不二)의 경지가 되어야 진여법계와 동등하며
진여법계에는 포용하지 않는 것이 없고
시방삼세의 모든 성자들은
모두 이 불이법문(不二法門)을 깨달은 것이며
종지(宗旨)는 빠르고 늦다는 것을 초월해야
일념(一念)이나 만년(萬年)을 초월하여 살아가네.

---

12) (萬年一念) (甲)

진여의 지혜로 진여법계에서 사는 것은
자신의 중생심을 버리라는 것이지 다른 뜻이 없고
간절하게 바로 서로 상응하여 진여의 법계에서 살아가기를
원하면
오로지 차별분별하지 않고 진여의 지혜로 살아가기를 서원하
여야 하네.
차별분별하지 않고 모두를 평등하게 존중하면
차별 분별한다는 마음이 전혀 없게 되어 청정한 법계가 되니
시방삼세의 성자가 진여의 지혜로 살아가는 것은
자신이 불법(佛法)의 종지를 모두 돈오한 것이고
불법(佛法)의 종지는 차별분별을 하지 않고 지금 바로 실행하
면 되니
진여의 지혜로 살아가려면 시공간을 초월하여야 하네.

【해설】

※ 진여법계무타무자(真如法界無他無自) : 진여의 지혜가 자
신의 법(法)이 되어 살아가는 세계를 진여법계라고 하는 것이
므로 비사량처(非思量處)를 말한다.

진여법계에는 직심(直心)으로 자타(自他)라는 상대적이 개념이 없는 것이므로 중생심의 망념이 없어야 한다.

그러므로 과거의 기억이나 조작심이 전혀 없는 청정한 지혜로 일행삼매의 생활을 해야 진여법계에서 살아갈 수 있다.

진여(眞如)는 여여(如如), 여시(如是), 자연(自然)이라는 언어로 표현할 수 있고 본래(本來), 원래(元來, 原來)그대로의 모습을 표현하는 것으로 공(空)이라는 말로 잘 알려져 있다.

공(空)이므로 청정한 것이고 청정하므로 자타(自他)가 모두 청정하게 되어 일행삼매(一行三昧)가 되는 것을 무타(無他)무자(無自)라고 한다.

그리하여 자성(自性)이 청정하므로 만법(萬法)이 청정하게 되어 만법일여(萬法一如)가 되는 것을 진여(眞如)법계(法界)라고 한다.

※ 요급상응유언불이(要急相應唯言不二) : 진여법계에서 청정하게 살아가려면 자신이 진여의 지혜로 산다는 사실을 자각하여야 한다.

자신이 자각하여 알고 오로지 불이법문(不二法門)이라고 말을 하지만 진여의 지혜로 살아가면서 조금도 어긋나지 않아야 한다.

진여법계와 하나 되는 것을 상응(相應)한다고 하는 것이며 불이(不二)라고 하는 것이기에 자신이 서언(誓言)을 해야 한다고 하는 것은 불퇴전의 경지에서 살아가야 한다고 하는 것을 말한다.

※ 불이개동무불포용(不二皆同無不包容) : 진여의 지혜로 살아가면 어디에서나 자유자재한 자유인이 되는 것은 만법(萬法)이 모두 청정하게 되어 포용(包容)하지 못할 것이 없게 된다.

불이법문(不二法門)을 하면 경계지성(境界之性)의 경지가 되는 것이므로 어디든지 좌도량(坐道場)이 되는 것이다.

그러므로 모두가 평등하여 불국토가 아닌 곳이 없게 되어 성자와 범부가 같게 되니 포용하지 못할 일이 없게 된다.

※ 시방지자개입차종(十方智者皆入此宗) : 모두를 포용(包容)하게 되면 시방(十方)삼세(三世)의 모든 성자(聖者)들도 이 종지(宗旨)를 모두 깨달은 것이라는 사실을 알게 되는 것이다.

진여법계와 상응하며 진여의 지혜로 불법(佛法)에 맞게 살아간다면 한도인(閑道人)으로 살아가게 된다.

성자(聖者)로 살아가려고 하면 어느 누구나 이 종지(宗旨)가 무엇인지 알아야 된다고 하는 것을 강조하는 것으로 이 종지(宗旨)를 알지 못하면 지자(智者, 聖者)가 되지 못한다고 하는 것이다.

※ 종비촉연일념만년(宗非促延一念萬年) : 불법(佛法)의 종지(宗旨)를 체득하여 진여의 지혜로 살아간다면 빠르고 늦다는 삼세(三世)를 초월하게 된다.

시방(十方)삼세(三世)의 부처가 지금 여기에서 평등하게 바로 출현하게 되는 것이기에 일념(一念)이 만년(萬年)이라고 하는 것이다.

그러므로 언제 어디에서나 이것을 떠나서 다른 부처는 없다고 하는 것은 종지(宗旨)를 체득하는 것이 무엇보다도 중요하다고 할 수 있다.

진여의 지혜로 살아가면 항상 지금 자신이 있는 그곳이 불국토가 되는 것이기에 시방(十方)삼세(三世)를 초월하여 살아가게 된다고 한다.

사족(蛇足)을 달면, 지금 여기에서 시간이나 공간에 속박되는 일이 없다는 것을 말하는 것이고 항상 최고로 행복한 삶을 살아가게 된다고 하는 것이지 우물 안의 개구리가 되어 살아가라고 하는 것은 아니다.

15. 좌도량(坐道場)

無在不在十方目前, 極小同大忘絶境界, 極大同小不見邊表.
有即是無無即是有, 若不如此必不須守.
(無在不在, 十方目前, 極小同大, 妄[13])絶境界, 極大同小, 不
見邊表.
有即是無, 無即是有, 若不如是(此), 必不須守.)

【번역】 1

진여법계에는 존재한다거나 존재하지 않는다는 것이 없으니
시방세계가 한도인(閑道人)의 눈앞에 불국토로 나타나고
지극히 작은 망념도 아주 큰 망념과 같다는 것을 돈오하여
대상경계를 초월했다는 마음도 없고
아주 큰 망념도 사소한 망념과 근원은 동등하며
크고 작다는 마음으로는 진여법계를 조금도 알 수 없네.
진여법계에서 돈오하면 차별분별의 망념은 없는 것이니
차별 분별하는 망념이 없어 청정하다고 알면 바로 한도인이
되고
만약 이와 같이 여시하게 행하지 않으면

---

13) 妄 = 忘 (甲)

반드시 자신의 고정관념을 고수(固守)하지 말아야 하네.

망념이 있고 없다는 상대적인 차별분별 없이 진여의 지혜로
생활하면
목전(目前)에서 무법(無法)으로 시방세계가 현전(現前)하고
아주 작은 망념과 큰 망념이 동등하게 나온다는 것을 자각하니
차별 분별하는 모든 의식의 대상경계가 모두 끊어지고
아주 큰 망념이 미세한 망념과 근본이 같은 것이나
분별심으로는 진여법계의 시작과 끝을 찾을 수 없는 것이네
* (망념의 원인을 알음알이로 알려고 하면 안 된다.)
진여의 지혜로 살아가면 번뇌 망념은 없는 것이고
번뇌 망념이 없다고 하면 진여의 지혜로 살아가는 것이니
만약에 이와 같이 체득하지 않았다고 하면
자신의 고정관념을 고수(固守)하려고 하지 말아야 하네.

※ 무재부재시방목전(無在不在十方目前) : 종지(宗旨)를 체득하면 일념(一念)이 만년(萬年)이라고 한 것처럼 망념(妄念)을 초월하여 살아가는 한도인(閑道人)이 된다.

진여법계는 일념(一念)으로 살아가는 것이므로 고정된 것이 아니어서 누구나 언제 어디에서라도 불국토에서 살아갈 수 있다.

유무(有無)나 시비(是非)는 자신의 마음속에 있는 것이라는 것을 자각하면 시방세계가 목전(目前)에서 불국토로 변하기도 하고 삼계(三界)가 되기도 하는 것을 보게 되는 것이다.

그러므로 삼계(三界)와 불국토가 목전(目前)에 있다는 것을 말하는 것이고 자신이 만드는 것이라는 것을 정확하게 알아야 한도인(閑道人)으로 살아갈 수 있다.

※ 극소동대망절경계(極小同大忘絕境界) : 망념(妄念)은 작고 크다는 차별을 벗어나야 목전(目前)에서 대상경계를 초월하여 살아가게 된다.

망념(妄念)이 아무리 미세하여도 자신을 중생으로 만드는 것처럼 아무리 작은 불씨라도 모든 산을 다 태울 수 있는 것과 같다.

대상경계를 끊고 끊었다는 사실까지도 없어야 진여의 지혜로 살아가는 한도인(閑道人)이 된다.

즉 아무리 작고 큰 선악(善惡)도 자신의 마음에서 나오는 것이지만 대상경계의 만법(萬法)과 짝하지 않으면 자신의 마음은 공(空)이 되는 것이므로 경계를 차별분별하지 않으면 된다고 하는 것이다.

※ 극대동소불견변표(極大同小不見邊表) : 아주 크다는 것은 부처의 지혜를 구족하여 살아가는 것이기에 작은 지식으로 살아가는 중생을 보면 모두가 부처와 동등하게 보이는 것이다.

그리고 망념(妄念)의 관점에서 보면 망념을 자각(自覺)하여 지혜로 전환하면 부처가 된다는 방법과 방향을 제시한 것이어서 큰 것이나 작은 것이 동등(同等)하게 된다.

그러나 크고 작다는 마음으로 보면 진여법계를 알 수 없게 된다는 사실을 전하고 있다.

즉 상대적인 지식으로는 구경의 경지에 도달하지 못하게 된다고 하면서도 많이 듣기만 하여 중생심의 견해만 가득 채우려고 하고 있으니 더욱더 구경의 경지와는 멀어지게 되는 것이다.

※ 유즉시무무즉시유(有即是無無即是有) : 있는 것이 곧 없는 것이라는 것은 부처가 있다고 알고 있으면 바로 부처로 살아가면 되는 것인데도 자신이 부처라고 말하면 부처는 사라지게

되는 것을 말한다.

즉 부처가 실제로 있지만 고정된 형상이나 법으로 존재하지는 않는 것을 다시 설명하고 있다.

그리고 없는 것을 있다고 말하는 것도 부처는 형상으로 존재하지 않지만 번뇌 망념을 텅 비우면 형상을 초월한 법신(法身)의 부처가 존재한다는 사실을 말하고 있는 것이 된다.

유(有)가 무(無)라는 것은 청정한 유(有)가 존재하는 것을 말하는 것이며, 즉 허공(虛空)과 같이 청정하게 되는 것을 무(無)라고 한 것이고, 무(無)가 유(有)라고 하는 것은 모든 것을 벗어버린 적육단상(赤肉團上)[14]의 한도인(閑道人)이 출현한 것을 말한다.

그러나 무(無)라는 말을 형상이나 실상이 없어져야 한다고 알고 있으면 세속의 입장에서 하는 것이나 『신심명』에서 하는 말은 여기가 좌도량이라는 사실을 망각하지 말아야 한다.

삼조(三祖)를 만나서 무위진인(無位眞人)이 출현하게 되는 것을 직접보아야 유무(有無)를 벗어난 임제스님을 친견하게 되는 것이다.

※ 약불여차필불수수(若不如此必不須守) : 만약에 위와 같이 체득하지 못하였다고 한다면 부처가 아니고 외도(外道)라고

---

14) 『임제록』에는 "적육단상 유일무위진인(赤肉團上, 有一無位真人)"이라고 하고 있다.

설명하고 있는 것이며 중생심의 견해를 고수(固守)하지 말고 지식에서 지혜로 자각하고 형상을 벗어난 부처로 살아가기를 바라는 간절한 자비심이 있는 부분이다.

삼조(三祖)를 만나서 유무(有無)를 벗어난 자신이 한도인 (閑道人)이라는 사실을 알지 못하면 임제스님을 만나서 발가 벗어 실오라기 하나도 걸치지 못한 한도인(閑道人)이 되어도 자신이 꽁꽁 언 한겨울에 자기의 왕을 만나 왕궁에서 살면서 왕이 되지 못하고 종노릇만 하게 된다고 하는 것이다.

16. 언어도단(言語道斷)

一即一切一切即一, 但能如是何慮不畢.
信心不二不二信心, 言語道斷非去來今.
(一即一切, 一切即一, 但能如是, 何慮不畢15).
信心不二, 不二信心, 言語道斷, 非去16)來今.)

【번역】 1

한도인(閑道人)이 지혜로 하나를 돈오(頓悟)하면 바로 일체가
진여의 법계이며
일체의 만법을 돈오하면 바로 진여로 돌아가고
단지 만법과 자신이 여시하게 일여(一如)가 되면
한도인으로 사는 것을 걱정할 필요가 있겠는가?
불심(佛心)으로 대상경계를 돈오(頓悟)하여 만법일여의 경지
가 되고
자신의 불심이 불이(不二)의 경지가 되었다는 것을 확신하면
한도인의 생활을 언어문자로 나타내지 않고 실천하며
삼세를 초월하여 살아가네.

---

15) 畢 = 必 (甲)
16) 去 = 古 (甲)

하나의 망념도 없이 진여의 지혜로 생활하여 일체의 만법과
하나 되고
일체의 만법은 자신과 일행삼매가 되어
단지 자신이 이와 같이 진여의 지혜로 여시하게 살아갈 수
있다면
불국토에 태어나서 사는 무슨 걱정을 할 필요가 있겠는가?
진여의 지혜로 대상경계를 자신의 불심(佛心)과 동일하다고
확신하여 차별분별하지 않고
자신의 불심(佛心)에 차별분별이 없다는 확신을 하면
언어문자로 차별 분별하는 마음이 모두 끊어지니
삼세를 모두 초월하여 진여의 지혜로 살아가네.

[해설]

※ 일즉일체일체즉일(一即一切一切即一)[17] : 하나를 진여의
지혜로 청정하게 살아갈 줄 알게 되면 일체의 모든 것에도

---

17) 『華嚴經探玄記』卷1(『대정장(大正藏)』35, 111쪽. 상24.) :「四名圓教, 亦名
祕密教. 謂法界自在, 具足圓滿, 一即一切, 一切即一, 無礙法門. 亦華嚴等
是也.」
『維摩經略疏垂裕記』卷1「佛國品1」(『대정장(大正藏)』38, 718쪽. 하28.) :「此
土即十方, 故云一即一切, 十方即此土, 故云一切即一.」

똑같이 적용하여 살아가게 된다.

즉 망념이 없다면 모두가 청정한 것으로 일체나 하나라는 말도 필요 없는 것이나 부득이 만법이나 망념이라는 말을 하는 것이다.

일체가 청정하여 중생심이 없으면 자신이 일행삼매의 생활을 하게 되는 것을 말한다.

만법일여(萬法一如)가 되기 위하여 일행삼매(一行三昧)가 되어야 한다고 하는 것을 일즉일체(一卽一切) 일체즉일(一切卽一)이라고 한다.

일(一)이라고 하는 것은 하나(一)이지만 불교에서는 일여(一如)이고 삼매(三昧)이며 공(空)이라는 것을 나타내는 것이므로 만법(萬法)이 공(空)이 되어야 하는 것을 말한다.

만법귀일(萬法歸一)이라고 하는 것도 결국은 불이법문(不二法門)을 말하는 것이므로 무애법문(無礙法門)이고 "색즉시공(色卽是空) 공즉시색(空卽是色)"의 논리를 확인시키고 있다.

다시 말하면 차토(此土)에서 자신의 불국토가 완성되면 시방세계(十方世界)가 불국토가 되는 것을 일즉일체(一卽一切)라고 한 것이고 시방세계(十方世界)가 불국토가 되면 자신의 세계가 불국토(佛國土)가 되는 것이므로 일체즉일(一切卽一)이라고 한 것이다.

※ 단능여시하려불필(但能如是何慮不畢) : 자신이 진여의 지혜로 살아간다는 사실을 확신하여 한도인(閑道人)으로 살아가면 무슨 근심 걱정이 있을 수 있겠는가?

하지만 자신이 진여의 지혜로 살아간다는 사실을 모르기 때문에 걱정을 하는 것이고 탐진치(貪瞋癡)에서 치(癡)를 지혜로 전환하지 못하는 이유가 무엇인지를 모르기 때문에 이와 같이 말씀하시는 것이다.

『신심명』의 마지막 부분까지 와서도 이런 말을 해야 하는 이유는 참으로 불안한 사회에 살고 있었다는 것을 지적하는 것이고 신앙심이 너무나도 뿌리 깊게 박혀있었다는 것을 반증하고 있다.

쉽게 말하면 지혜가 있는 수행자는 잘 아는 것이고 모르고 어리석은 이는 영원히 속박에서 벗어날 기약이 없으므로 다시 강조하고 있는 것이다.

※ 신심불이불이신심(信心不二不二信心) : 자신이 진여의 지혜로 살아간다는 사실을 자신이 확신하면 불심(佛心)으로 살아가는 한도인(閑道人)이 되는 것이다.

자신의 지혜와 불심(佛心)이 동등해야 하는 것이지 조금이라도 차별 분별하는 마음이 있으면 어긋나게 된다. 그러므로 항상 일행삼매의 경지에서 살아가면 지금 자신이 있는 그곳이 항상 불국토가 되는 것이고, 자신이 항상 불국토(佛國土)에서 살아가고 있다는 사실을 자신이 불심(佛心)으로 확신하여 한도인(閑道人)으로서 살아가게 된다.

사족(蛇足)을 붙인다면 과학적이고 논리적인 가르침이므로 종교(宗敎)라고 하는 것이고, 어느 누구나 실천하면 되는 것이지 여기에 신앙심을 고취시키는 내용은 하나도 없다는 사실을 알아야 한다.

신심(信心)은 불심(佛心)을 말하는 것이고 신심(信心)을 불이(不二)라고 하는 것은 불심(佛心)이 아니면 안 되는 것을 강조하는 것이며 불이법문(不二法門)이 신심(信心)이라는 것을 증명하는 것이 된다.

※ 언어도단비거래금(言語道斷非去來今) : 지금까지 설한 내용은 언어문자를 가지고 도(道)를 설명한 것이지만 도(道)는 실천해야 비로소 지도무난(至道無難)의 경지에서 살아가게 되는 것이지 실천하지 않으면 평생토록 간택(揀擇)하면서 살게 된다.

그래서 언어문자로 설명하지 말고 지금 바로 지혜로 실천해야 하는 것이라고 한도인의 맨얼굴을 드러내어 놓은 것이다.

언어문자를 벗어난 불이법문(不二法門)은 시방(十方)삼세(三世)를 벗어난 불국토의 법문(法門)이므로 언어도단(言語道斷)비거래금(非去來今)이라고 하여 삼세(三世)를 초월한 한도인(閑道人)으로 살아야 한다고 설하고 있다.

隨 世 銷 沉

篆書

信心銘 篆書

僧璨 著

次例

信心銘 篆書

1. 至道無難　唯嫌揀擇
   지도무난　유혐간택

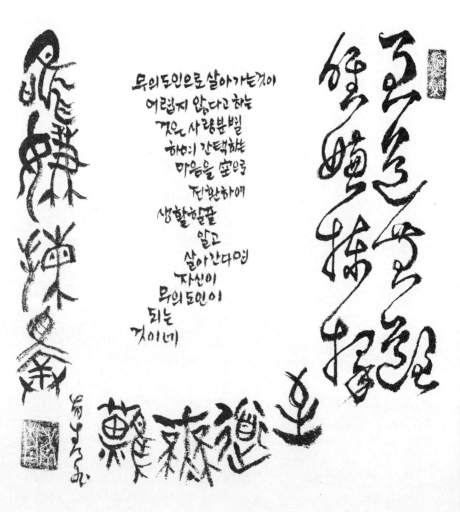

2. 但莫憎愛 洞然明白
   단막증애 통연명백

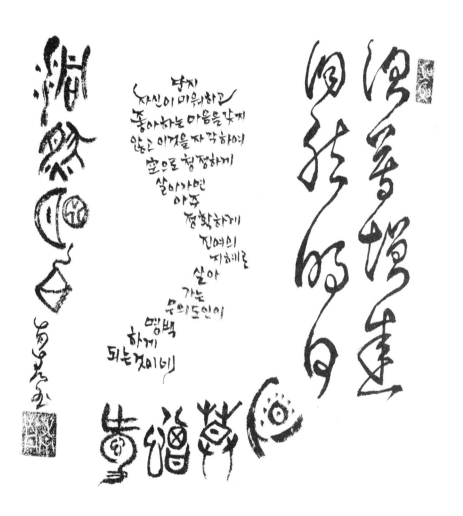

단지
자신이 미워하고
좋아하는 마음을 갖지
않고 이것을 짜각하여
뜻으로 청정하게
살아가면
아주
정확하게
진여의
지혜로
살아
가는
무의도인이
명백
하게
되는 것이니

3. 豪釐有差　天地懸隔
　　호리유차　천지현격

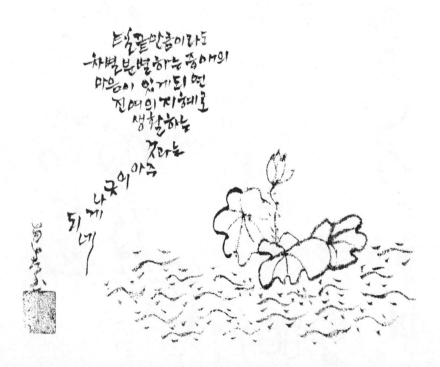

털끝만큼이라도
차별분별하는 중애의
마음이 있게되면
진여의 지혜로
생활하는
것라는
나구이 아주
내게
되네

4. 欲得現前 莫存順逆
   욕득현전 막존순역

지금부터 자신이 한 도인으로
진여지혜로 살아가고자
한다면 마음속에
탐진치나 중생심
으로차별
분별
하는
마음이
조금도
없어야만
하는
것이네

5. 違順相爭　是爲心病
　　위순상쟁　시위심병

자신의 마음속에
조금이라도 어긋나는
마음이 일어
난다면
이것이
바로
자기
마음의
병이
되는
것이니

6. 不識玄旨 徒勞念靜
   불식현지 도로염정

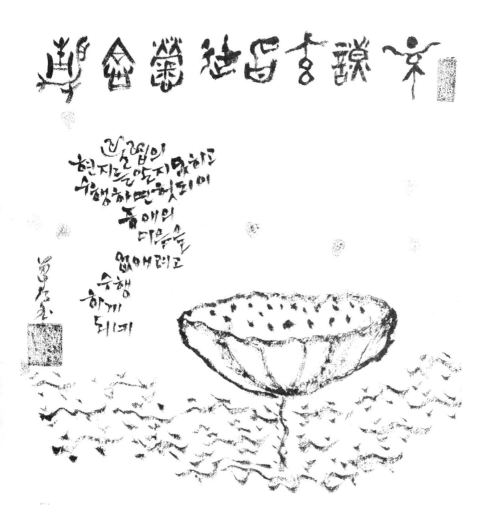

현묘한
현지를 알지 못하고
수행하면 헛되이
증애의
마음을
없애려고
수행
하게
되네

7. 圓同太虛　無欠無餘
　　원동태허　무흠무여

8. 良由取捨　所以不如
   양유취사　소이불여

참사하려는 마음만
없으면 한가지를 체득하여
진여의 자행으로 살아가는수
있노데도 안법일(따의
정지애 쓰담...것 못하시끼

9. 莫逐有緣 勿住空忍
   막축유연 물주공인

10. 一種平懷　泯然自盡
　　 일종평회 민연자진

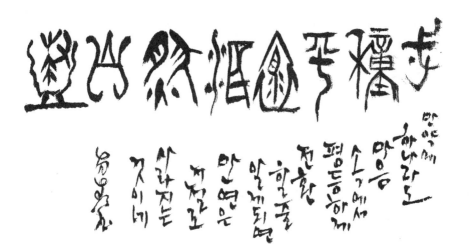

11. 止動歸止 止更彌動
   지동귀지 지경미동

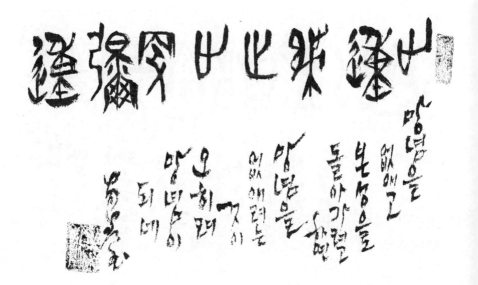

12. 唯滯兩邊 寧知一種
유체양변 영지일종

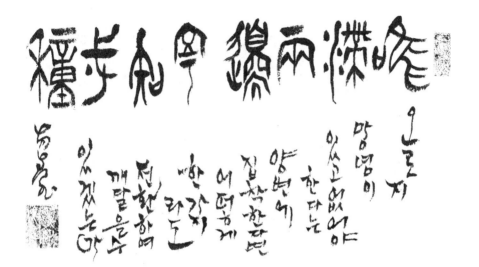

13. 一種不通　兩處失功
　　일종불통　양처실공

14. 遣有沒有　從空背空
　　견유몰유　종공배공

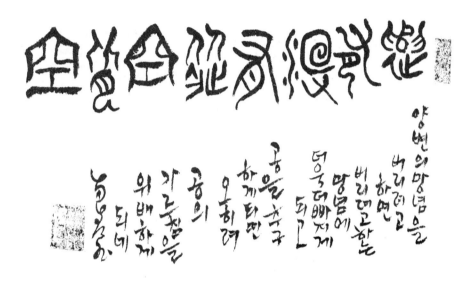

양변의 망념을
버리려고
하면
빈 데 못한
맘은에
더욱 더 빠지게
되고

공의
가고참을
위배 하게
되네

공을 좇고
하께 탄
오히려

15. 多言多慮 轉不相應
　　다언다려　전불상응

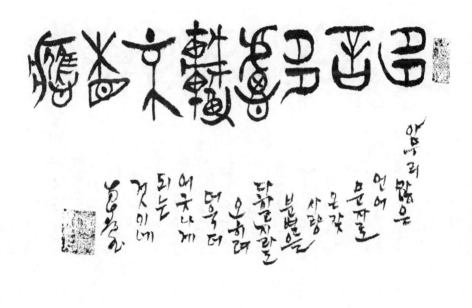

16. 絶言絶慮 無處不通
　　절언절려 무처불통

언어문자와 생각으로
중생심의 사량분별만
하지 않으면 어디에서나
진리의
지혜로
생활
하게되면

17. 歸根得旨 隨照失宗
귀근득지 수조실종

근본으로 돌아가면 뜻을 얻고 비춤을 따르면 종지를 잃게 되네

18. 須臾返照　勝却前空
　　수유반조　승각전공

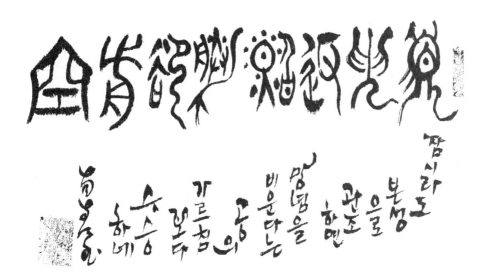

19. 前空轉變　皆由妄見
　　전공전변　개유망견

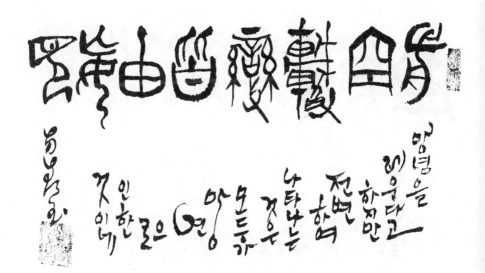

20. 不用求真 唯須息見
    불용구진 유수식견

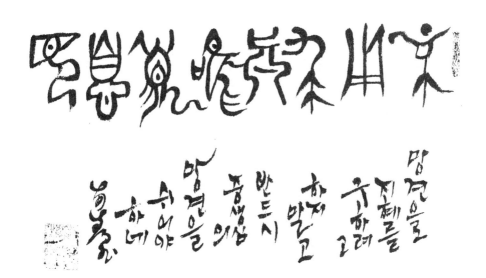

21. 二見不住 愼莫追尋
    이견부주 신막추심

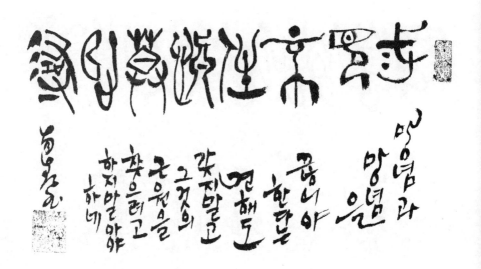

22. 才有是非 紛然失心
    재유시비 분연실심

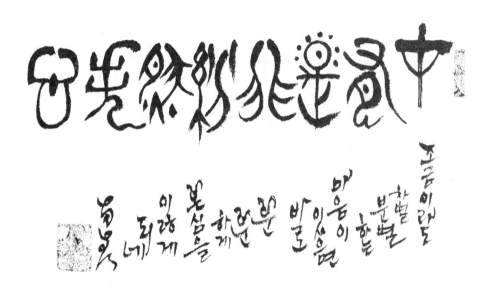

23. 二由一有　一亦莫守
　　이유일유　일역막수

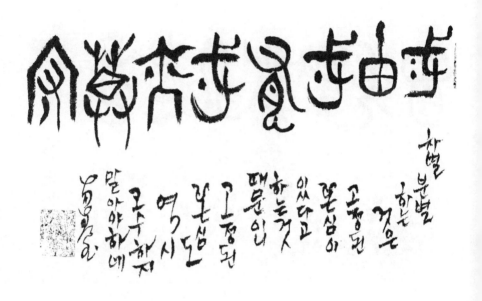

둘은 하나로 말미암아 있듯이 하나인 그것 조차도 여기 말아야 하네

24. 一心不生　萬法無咎
　　일심불생　만법무구

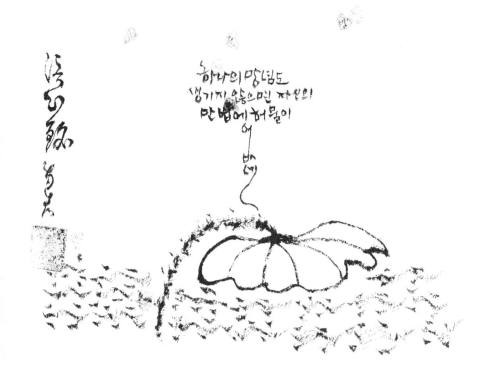

하나의 망념도
생기지 않음으로 자신의
만법에 허물이
없다

25. 無咎無法 不生不心
    무구무법 불생불심

26. 能隨境滅 境逐能沈
    능수경멸 경축능침

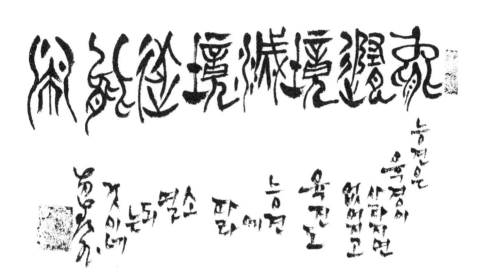

27. 境由能境　能由境能
　　경유능경　능유경능

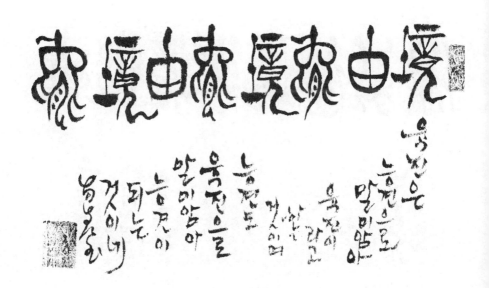

28. 欲知兩段 元是一空
    욕지양단 원시일공

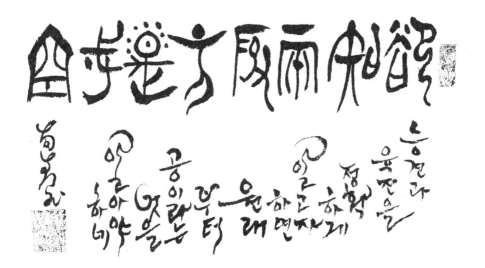

29. 一空同兩 齊含萬象
    일공동양 제함만상

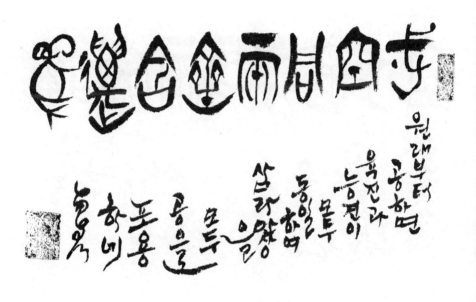

30. 不見精麤 寧有偏黨
    불견정추 영유편당

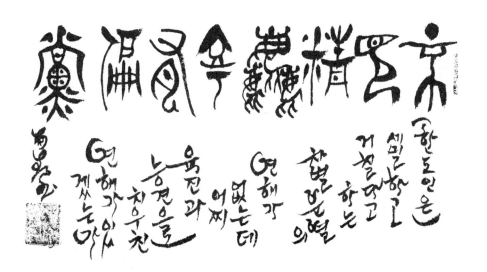

31. 大道體寬 無易無難
    대도체관 무이무난

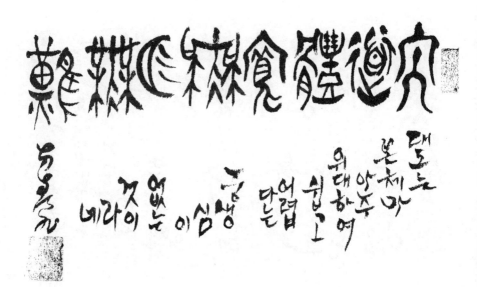

네라이눈 이심생 단렵쉽 유대안본체는 달는
유대한하여 앗
보

32. 小見狐疑 轉急轉遲
소견호의 전급전지

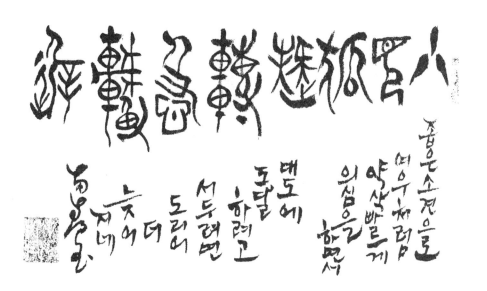

좋은 소견으로 여우 의심 하는 건 앙산 빨리 하려 할수록 더욱 늦어지네

33. 執之失度　必入邪路
　　집지실도　필입사로

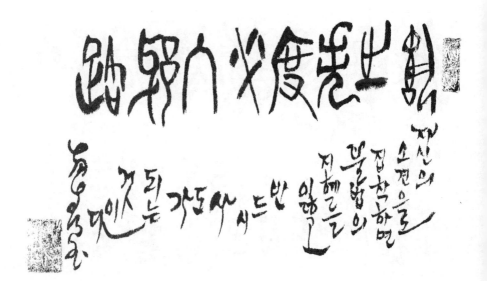

34. 放之自然 體無去住
방지자연 체무거주

자신이 집착하는 중심없이 망견을
분명하게 알고 놓기만 하면
자연스럽게 진여의지혜로
생활하게 되므로
언제 어디서나
상응하게
되어
평등한
자유인
으로
살아
갈게
되며

35. 任性合道 逍遙絶惱
    임성합도 소요절뇌

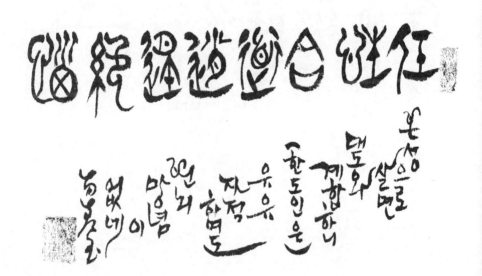

본성으로 살면도와
합하니 한 동인은 자적유유하도 망현지이념 걸림없네 비출

36. 繫念乖真 惛沈不好
    계념괴진 혼침불호

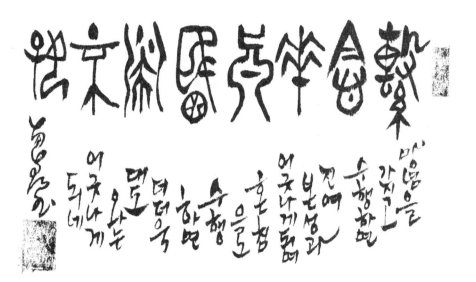

37. 不好勞神　何用疎親
　　불호노신　하용소친

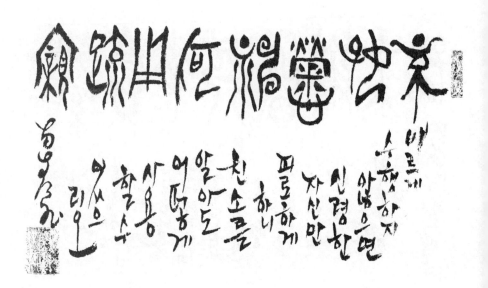

38. 欲取一乘 勿惡六塵
　　욕취일승 물악육진

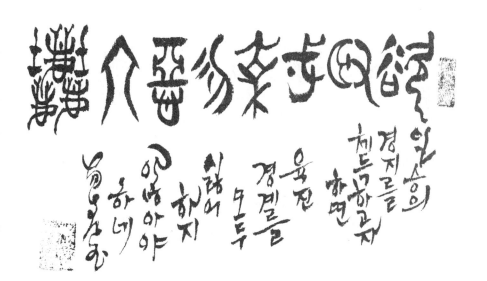

일승의
경지를
체득하려 한곳
육진
경계를
모두
힘쓰지
않아야
하네

39. 六塵不惡 還同正覺
   육진불악 환동정각

40. 智者無為 愚人自縛
    지자무위 우인자박

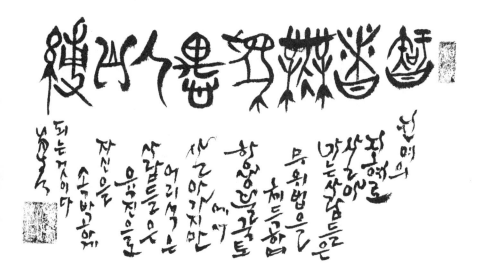

지혜로운 사람들은
쓸데없는 짓을
하지 않지만
어리석은
사람들은
응진을
자진을
되는것이다
속박함
자박
무위법으로
체득함
항상부족토
삶안가지만
선명의
깨달음으로

41. 法無異法 妄自愛著
    법무이법 망자애저

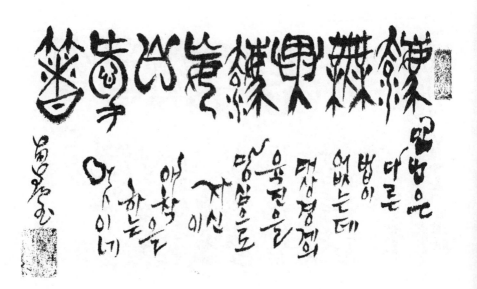

42. 將心用心 豈非大錯
    장심용심 기비대착

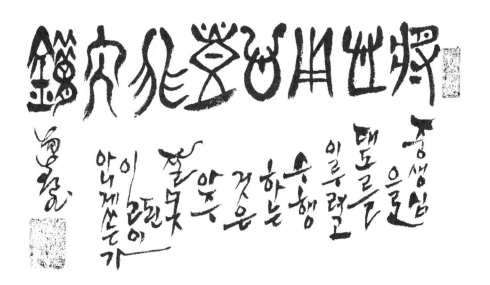

마음을 가지고 마음을 쓴다는 것이 어찌 큰 잘못이 아니겠는가

43. 迷生寂亂　悟無好惡
　　미생적란　오무호악

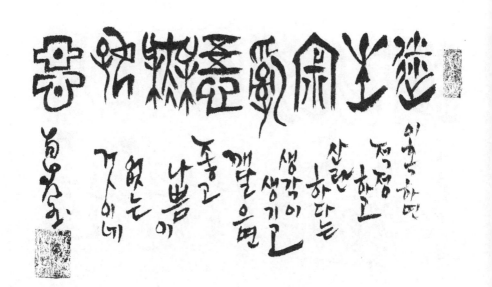

깨달으면 좋고 나쁨이 없는데 생각이 생각이 산란하다 적정한 미혹하면

44. 一切二邊 良由斟酌
    일체이변 양유짐작

45. 夢幻虛華 何勞把捉
몽환허화 하로파착

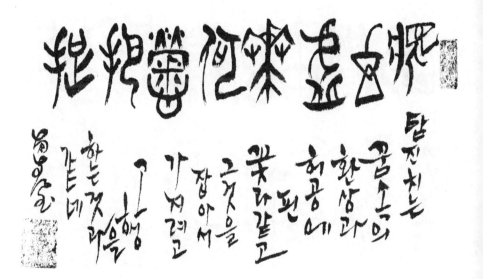

꿈속의
환상과
허공에 핀
꽃다발
같은 것을
잡아서
가지려고
한갖 애를
쓰는가

답진치는

46. 得失是非 一時放却
    득실시비 일시방각

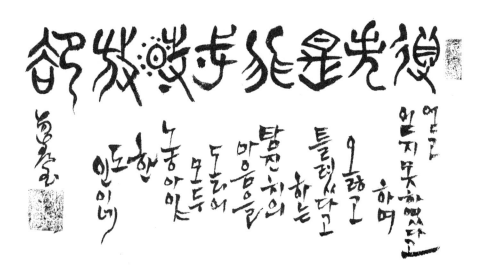

얻고 잃음과 옳고 그름을 한꺼번에 놓아 버리라

47. 眼若不睡 諸夢自除
    안약불수 제몽자제

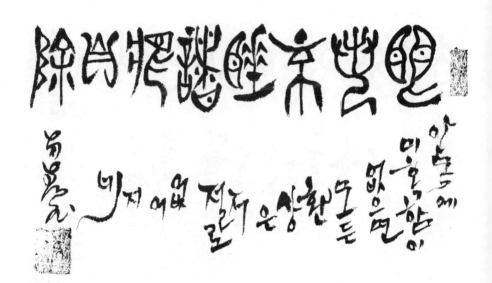

48. 心若不異 萬法一如
    심약불이 만법일여

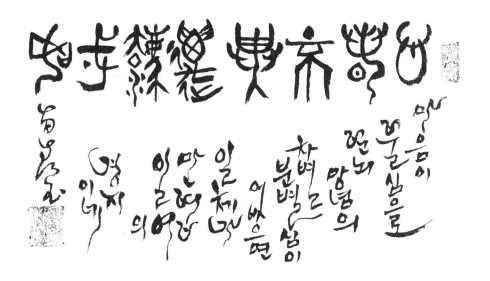

49. 一如體玄 兀爾忘緣
    일여체현 올이망연

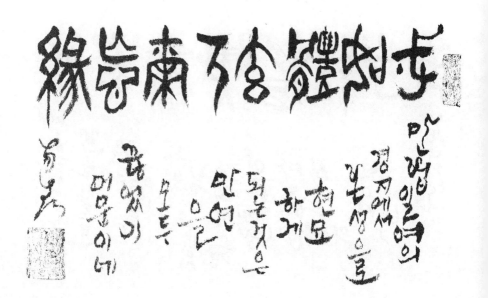

50. 萬法齊觀 歸復自然
만법제관 귀복자연

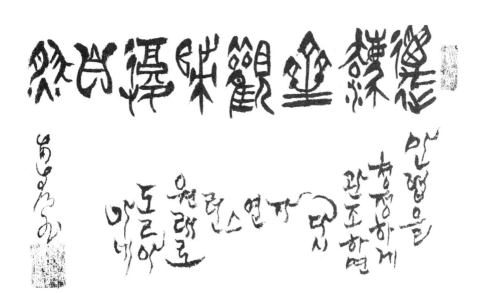

만법을 원래로 관조하면 돌이켜 스스로 자연에 흥흥하게 귀복함이라

51. 泯其所以 不可方比
    민기소이 불가방비

대상을
아는 것이
사랑이니
비교할 대상이
없는
임무것도
인도한
아이야
높봄

188

52. 止動無動 動止無止
    지동무동 동지무지

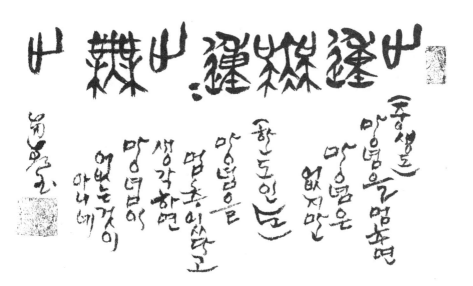

움직이는 것을
그침으로
움직임이
없는것이
아니네

한도인(閑道人)은
생각하면
멈출수있고

망념을
멈춤으로
고요함이

마음은
마음을 멈추면

중생도
마음은
없지만

53. 兩既不成　一何有爾
　　양기불성　일하유이

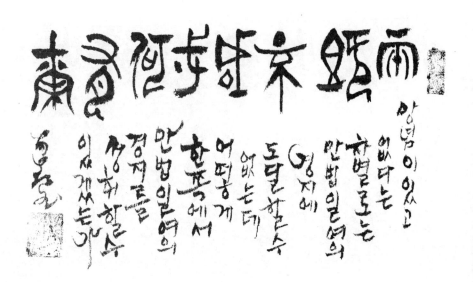

양변이 있고
없다는
절로는
만법일여의
경지에
돌을할수
없는데
어떻게
한쪽에서
안법일여의
경지를
성취할수
있겠는가

190

54. 究竟窮極 不存軌則
구경궁극 부존궤칙

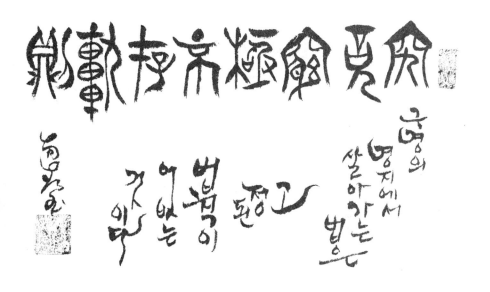

궁의 명지에서 살아가는 법은

지옥 어쩌는 법칙이 뜬정고

55. 契心平等　所作俱息
　　계심평등　소작구식

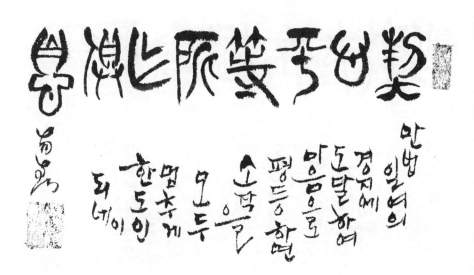

마음의
일여의
경지에
도달함
믿음으로
평등함
소작을
모두
멈추게
한도인
되네이

56. 狐疑盡淨　正信調直
　　호의진정　정신조직

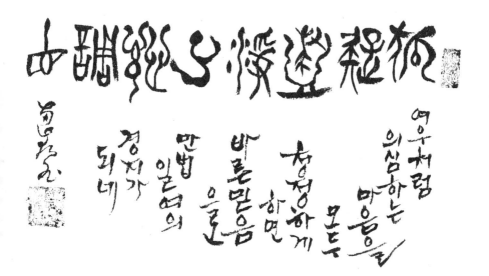

여우처럼
의심하는 마음
모두
청정하게 하면
바른 믿음으로
만법의
곧자가
되네

57. 一切不留 無可記憶
   일체불류 무가기억

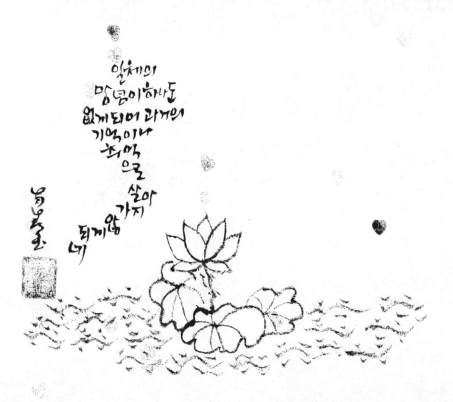

일체의
망념이하나도
없게되어 라께의
기억이나
최악
으로
살아
가지
되게얌
네

58. 虛明自照　不勞心力
　　허명자조　불로심력

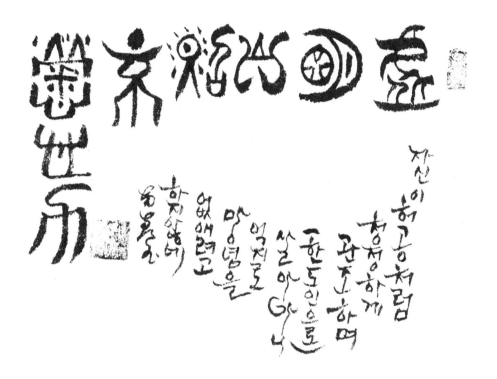

정신이 허공처럼 휑청하게 관조하며 한동으로 살아있니 억지로 맘음을 없애려고 하지않네 두루

59. 非思量處　識情難測
　　비사량처　식정난측

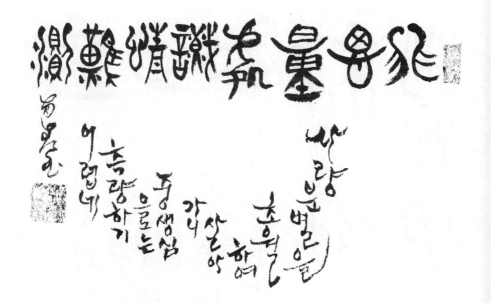

196

60. 真如法界 無他無自
    진여법계 무타무자

진여의
따슨기로 살아
가는법계에는
타
가
없는것이네

61. 要急相應 唯言不二
    요급상응 유언불이

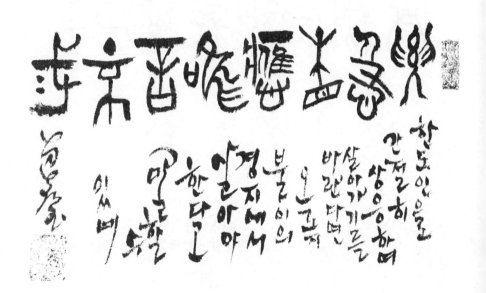

한도인을
간절히
상응함

바란답기를

불의의

오직

경지에서

일어나야

한달교

미로운

있어

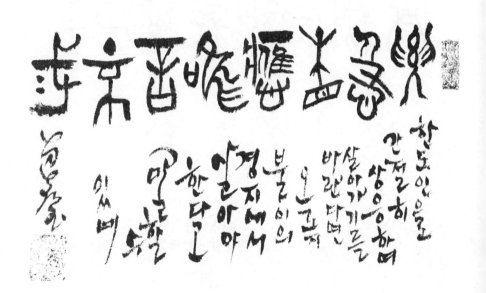

62. 不二皆同　無不包容
　　불이개동　무불포용

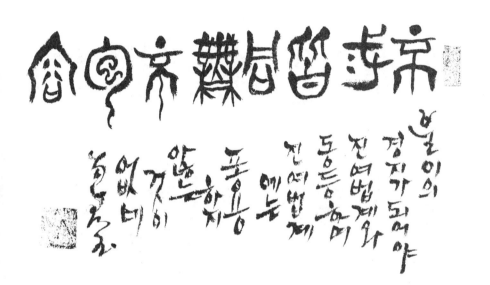

63. 十方智者 皆入此宗
    시방지자 개입차종

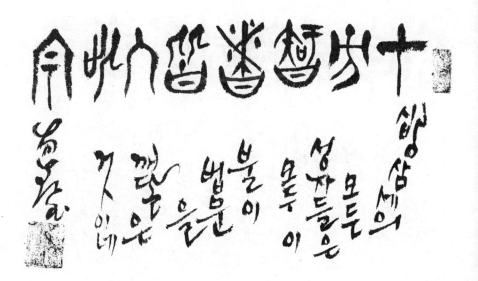

200

64. 宗非促延　一念萬年
　　종비촉연　일념만년

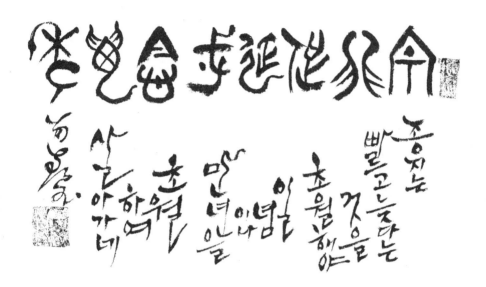

65. 無在不在 十方目前
　　무재부재 시방목전

진이 법계는 인연으로
살아가는 것이므로
고정된 것이 아니라서
누구나 언제 어디서
　　　　라도
　　불국토
　　　　삶에서
정이 같은없 같수아

66. 極小同大 忘絕境界
극소동대 망절경계

界境絕忘大同小極

67. 極大同小 不見邊表
  극대동소 불견변표

68. 有卽是無　無卽是有
　　유즉시무　무즉시유

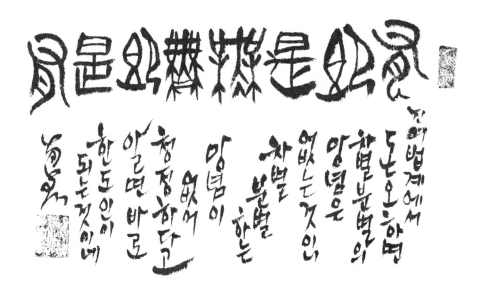

있다는 것이
곧 없음이요
없음이
곧 있다는 것인데

진여법계에서
돈오하면
차별분별의
양변은
없는 것인

망념이
없어
청청하고
알면바로
한도인이
되는 것일세

69. 若不如此　必不須守
    약불여차　필불수수

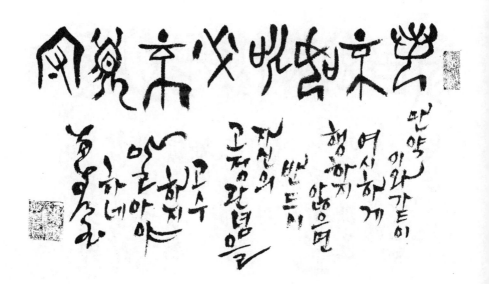

만약 이와 같이
여시하지
행하지 않으면
반드시
꼭 지킬 필요
고집의
하지 마
얽매이네
홀로

70. 一即一切 一切即一
일즉일체 일체즉일

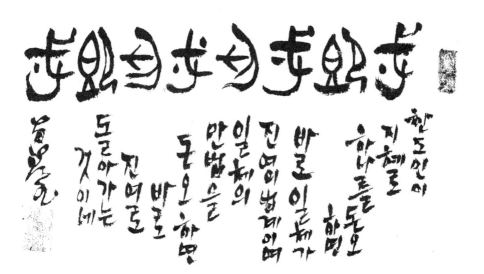

한도 없이
지혜로
한 들도오
함

바로 일째가
진여의 법계임

일째의
만법을
도오함

진여로
바로
돌아가는
것이네

합율

71. 但能如是　何慮不畢
　　단능여시　하려불필

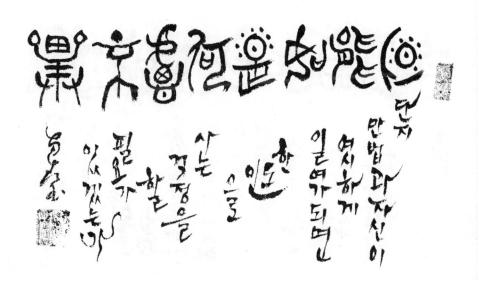

오직 만법과 자신이 여시하게 일으켜 가 되면
한 인도 일을 걸음 할 경을 삶 필목가 있깠능하

72. 信心不二 不二信心
신심불이 불이신심

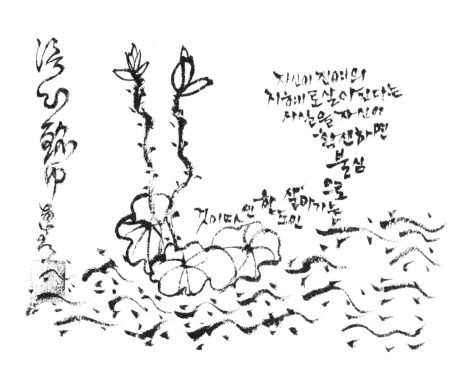

73. 言語道斷　非去來今
　　언어도단　비거래금

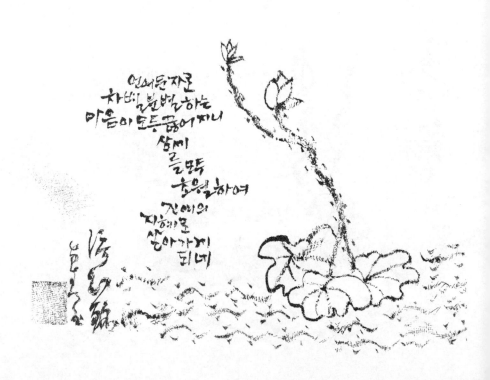

74. 三世諸佛 不知有
    삼세제불 부지유

75. 一切賢聖 皆以無爲法 而有差別
    일체현성 개이무위법 이유차별

자신의 불심을 확신하게 하는 신심명

초판발행 | 2018年 11月 10日

譯　註 | 良志

禪書畵 | 南靑

發行處 | 남청

경남 김해시 한림면 김해대로1017번길 54

ISBN 979-11-965143-0-3 93220

농협 351-1037-4373-13 (남청)

전화 010-3856-9852

값 15,000원